曾慶正、張惠如 —— 著

地震、建築、安全

你的房子結構安全嗎？

地震不用怕！專業技師教你安心購屋100問

【增訂新版】

推薦序

建築物結構如同人體骨骼，一次就要把它建構好

甘錫瀅

我常常在不同的民間社團演講有關建築物結構安全議題時，我喜歡把一棟建築物比喻成一個人的身體來說明，建築物的造型好不好看就像是人的外觀漂不漂亮一樣，建物結構安不安全就像是人的骨頭健不健康一樣，建物水電空調設備好不好用就像是人的神經感覺系統靈不靈活一樣，通常建物的外觀由建築師來設計，因為建築師的養成教育是以「美學」為主，而建物的結構由結構技師來設計，因為結構技師的養成教育係以「力學」為主，而建物的水電空調設備由電機技師來設計，因為電機技師的養成教育係以「電學」為主；而這三種項目，外觀與設備如果在完工之後覺得不理想，都還有機會做調整與修正，惟有建築物的結構完工以後是不可能再修改的，就像人體的骨骼一樣，在出生時就一定要一次把它建構好，否則會產生一輩子的遺憾。

曾理事長是我們結構技師公會全國聯合會的理事長，也曾經與我在同一個公司服務，他在建築結構工程之領域上專業素養佳，也有許多豐富的工程實務經驗，平常除了熱心會務以外，也很熱心協助一般社會普羅大眾來關心自己的建築物之結構是否安

全；如今他以安全購屋一百問的方式，用深入淺出的說明來回答複雜的結構專業問題，其中「購屋前要注意的事」與「替中古屋做健康檢查」之章節，協助讀者找到自己經濟能力許可的好房子，而「解開房屋結構設計的陷阱」等章節，提供讀者較深入的結構理論來瞭解房屋結構安全，「結構大事要找專業技師」卻是一種讓讀者以較省力的方式確保建物安全之建議，最後舉出「疑難雜症解疑篇」更是可以解決過去常被民眾詢問的議題，如果民眾確實瞭解其原理就可以解除過去心中的疑惑。

最後我呼籲大家「跟著曾理事長確認你的房子結構安全嗎？」，但是要特別注意一次就要買對否則後悔不及。

本文作者為台北一〇一大樓之設計結構技師，現任永峻工程顧問公司總工程師

推薦序

保障購屋者的權益

黃世建

「選購一個安全的窩，建立一個舒適的家」是許多人奮鬥的理想，但在買屋的道路上卻荊棘叢生、陷阱處處。購屋者的權益常在資訊不足或業者惡意欺瞞下，橫遭侵害。尤其鉅大的消費額度減低了重購的機會，更令購屋失利的痛苦刻骨銘心，故保障購屋者之消費權益是非常重要且迫切的。

這種保護之責任固然和政府與企業密不可分，但消費者自身的參與和爭取亦不可或缺。本書即本著提供及傳播消費資訊之理念，闡述了選擇房屋必備的知識，使消費大眾能掌握充分的資訊，做出明智的選擇。尤其特別的是，本書採提問作答的方式展示，故而條理分明，清晰易懂。

本書先就大處著手，對購買成屋或預售屋逐一提問，並指出常見的買賣陷阱，及如何粗估房屋價位。

其次，再就預售屋與中古屋所顯露的蛛絲馬跡，教導消費者研判房屋如何整修維護。其內容包括歪斜屋勘察、裂縫警訊、抓漏時機、輻射屋辨認、拒絕海砂屋、問題土壤、軟腳蝦的開放空間，以及中看不中用的挑高樓中樓等。相信這些揉合專業知識並以口語化表達的購屋知識，必能讓一般大眾趨吉避凶，獲得應有的公平與權益。

本書作者曾慶正先生從事結構專業並致力於房屋安全的追求近三十餘載，曾先生之專業能力早獲結構工程界之肯定，其現任結構技師公會全國聯合會理事長。為使房屋結構安全更獲重視，曾先生平時即對提高結構技師尊嚴不遺餘力。若有震災發生，他更親臨現場勘察，以學習教訓並追求更安全的設計。這些年來台灣地區海砂屋事件頻傳，舉凡士林福林家園、蘭嶼國宅、桃園正光花園新城，及台北延壽丙區國宅等案例，均見曾慶正先生踽踽於途，為爭取住戶應有的權益而努力。現在政府對既有的公有建築正在執行大規模的耐震補強計畫，舉凡制度的建立與技術的檢討，均見曾先生戮力以赴的努力。曾先生多年的結構工程經驗與學識，對耐震補強計畫品質之提升有極大的貢獻。

今日欣見曾先生出書檢視當前房屋可能罹患的疑難雜症。相信此書會對房屋買賣之消費行為注入新變數，讓購屋者增加一些辨識的能力，也使每一位民眾都開始重視居住的安全。而這種經驗的累積，應該會對社會造成一些改變和進步。

本文作者為國立台灣大學土木系教授

推薦序

本書有如三十年經驗的專業技師陪著您安心購屋

曾惠斌

大部分的人去看屋買房，不管是看預售屋與中古屋，都不會帶著專業結構技師去幫您安全把關，光是銷售業者一連串似是而非的專業術語及解釋就把您的疑問給打住，等到您花下鉅資購買入住後，疑問才一一浮現，這房屋耐不耐震？會不會是海砂屋？有沒有輻射鋼筋？房屋是不是歪斜？下大雨才會漏水，ＯＫ嗎？梁上有細裂縫，安全嗎？牆被打掉，安穩嗎？這些問題都應該在購屋時就要注意！

在不動產市場交易法令規章較完整的國家，確定買屋時都要經過專業技師的詳細檢測及鑑定，雙方都充分瞭解房屋的狀況及問題後再交易，日後的糾紛爭議就會很少；但反觀目前在台灣不動產市場交易法令不健全的情況下，購屋過程可說是處處陷阱，而且相關適合大眾參考的結構專業書籍及資訊少之又少，買方肯定是弱勢的一方，若日後有問題，購屋者之消費權益實在很難有效地保障。再者，銷售業者通常不會主動告知房屋的現況問題，購屋者又為省錢而不請專業顧問協助，只好採取自救，多瞭解住屋安全相關知識，能在選屋時睜大眼睛，多問問題以確保您住屋安全。而且當您問出比較專業的問題時，銷售業者比較不敢隨意理會，而認真地正視房屋現況問題回答購屋者，這不失為省錢又有效的方法。

本書作者曾慶正理事長從事結構專業工作三十餘年，並於台灣遭受震災時，帶領同業協助政府勘察現場，積極致力於追求房屋的安全設計，更親臨指導執行公有建築大規模耐震補強，及協助政府相關工程單位建立工程結構法規制度，與規範技術之檢討不遺餘力。曾理事長多年的結構工程經驗與研究學識，實獲國內產官學界的佩服及肯定。

本書的購屋一〇〇問，都是購屋時應該要提出來的好問題，不管是針對成屋、預售屋或中古屋，每個問題都切入要害。以本人在土木系多年的教書經驗，最難兼顧專業內容和淺顯易懂的教授方式，大部分的結構專業書籍都讓一般大眾望而卻步，但很難得地是曾理事長以大眾口語化方式轉化高深工程專業知識，有效地教導您如何充分掌握的結構專業資訊，做出最明智的選擇，以確保您鉅額的房產價值。這是一本非常值得推薦的購屋安全指南。

本文作者為國立台灣大學土木系教授　俄羅斯工程院通訊院士

推薦序

給住戶一個安全的窩

簡伯殷

有人說：「建築業是一種良心事業」，乍聽之下似乎感到非常嚴肅沉重，但仔細咀嚼推敲，卻覺得這樣的說法一點也不為過。畢竟房子一住就是幾十年到上百年，不像一般用品一段時間就耗損丟棄或被淘汰；然而弔詭的是，如此重要又需長久保有、使用的資產，我們幾乎只看到建物的外表，決定購買時又常以價格、地段為重要的評估指標。

蓋「好宅」——讓購屋者住得健康、舒適又安心，是我們的重要使命，我們十分欣慰，看到一些與我們有相同理念的建築同業也朝著這個方向在努力；但不可諱言，台灣的建築業仍是良莠不齊，為使購屋者都能買到「好宅」，亟須懂得建築的專業人士多傳播、多教導購屋者如何選購較優質的好宅。

結構技師曾慶正先生以其高度的分享性，結合了豐富的學養及累積三十餘年的實務經驗，用一般消費者懂得的語彙，從預售屋、成屋、中古屋及房屋結構等構面做了許多課題的深入淺出解說，相信對準備購屋者是一本現學現用的選屋、購屋的好指南；對一般消費者來說，也是跨越專業門檻，瞭解建築、房地產或評估建築物好壞的一本好入門書。

認識曾技師源自曾技師接受昇陽建設委託「結構設計」，前後已接近二十年的光景，二十年來我們配合越多，就對曾技師有更多的敬佩；論專業學養他早已在業界樹立了金字招牌，但是他的好學與研究精神，驅使他帶領著團隊一直展現新的研究成果。就公司與曾技師的配合經驗，我們看到曾技師的任何設計方案並不是以「符合建築法規要求的最低門檻」為唯一考量，他會就相關地質分析、地形與建築設計再深入整合分析，並提出幾個可行方案與公司充分討論溝通；公司同仁都領教過曾技師對專業上的固執與堅持，如對一樓開放空間、挑空的設計都會一再的試算，並結合其實務經驗堅定的提出最合宜的設計方案；就連一般人常疏忽的「穿梁」位置或施工中追加「穿梁」工程，他也一定堅持須經電腦運算並確認仍在安全的容許範圍內，才同意施作。這也是曾技師一直在提醒並強調「給住戶一個更安全的窩」，這份「善與良知的堅持」，二十年來未曾輕易改變。

看過這本著作的初稿，我更充分感受到字裡行間隱現著曾技師這份善與良知的堅持暨分享的熱情。

本文作者為昇陽建設企業股份有限公司總經理

自序

邀請大家共同為居住的安全把關

每當我感受到地面有激烈的搖動時，以前勘災時房屋倒塌、橋梁斷落的影像總是浮現腦海。所以我一定在地震的當下先猜測地震強度及中心位置，再守著電視看新聞報導，以確定沒有重大災情；如果有重大災情，結構技師公會的理監事們就會召開緊集會議商討對策，準備隨時提供政府救災支援。這是政府賦予專業技術人員的責任與義務。

自從開始進入房屋結構設計這個行業，我就隨時戰戰兢兢地注意手上的工作。每日下班以後，腦海裡不斷反覆回憶思索白天的工作，檢視是否有差錯？因為我認為結構設計者的疏忽，可能造成某一群人喪失生命。

西元一九九四年，正是我從事結構設計相關工作第十六個年頭時，發生了美國洛杉磯北嶺地震，隔年又發生日本阪神地震，這兩大災難，讓我有機會重新檢視過去大家所公認的設計方法與觀念，還有易造成災損的設計與施工細節，更讓我確信結構設計監造及施工的重要性；特別是以當時的統計資料來看，台灣短期內出現大地震的機率很高。於是結合幾位結構技師公會的朋友，全力鼓吹社會大眾重視結構安全，並要求政府厲行專業分工落實人盡其才的政策；務必排除非專業的人做專業工作以免劣幣驅逐良幣，才能使真正的結構專業人員有機會去做建築物結構設計監造與施工。無奈，功敗垂成！更不幸的，我們所擔憂的大地震——九二一集集大地震終於發生了！

勘災的時候，我看到了許多結構系統規畫及設計的缺失、工程偷工減料品質不良，更震撼的是親眼看到焦急的搜救與羅列的悲痛！我深深感嘆，要保障民眾的居住安全實在相當困難。即使是我要買房子，考慮區域性、經濟能力、居住環境等非結構因素之後，加上可收集到的結構設計監造及施工單位資料，我能選擇的經常很有限，更何況是沒受過專業訓練的普羅大眾？再加上台灣營建產業牽涉國家的法令、專業人員制度、執法官員心態、報章雜誌的扭曲廣告與錯誤報導、民眾的輕忽，以及最大的障礙——既得利益的黑暗勢力。我深信黑暗勢力能改變執法官員心態甚至責任關鍵的執法官員，從而更改國家法令制度！即使是非常重視工程品質，為改革工程制度不遺餘力的全國最高工程主管機關首長，公共工程委員會主委范良銹，都曾說：「我個人的力量有限，請大家共同來努力！」這本書也算是共同努力的迴響吧。

累積了三十餘年房屋結構設計監造、鑑定的經驗，又擔任結構技師公會的理事長，對於提升營建產業的工程品質，應有捨我其誰的勇氣與擔當。寫這本書的目的就是要提供一個工具，使讀者能在這長期法令制度不完善的大環境下，靠自己的力量辨識房屋的安全性與合理性，或當房屋發現安全疑慮時，該如何去找真正的專家來協助，保障讀者的半生積蓄不致平白泡湯，並避免生命遭受到威脅。

艱深的專業知識與經驗如何能正確且清晰的傳達給一般的社會大眾呢？這是一個困難的課題。透過身兼自由作家與記者的張惠如小姐，這個問題便迎刃而解；她幫忙蒐集資料之外，像過濾器一般把多餘的、艱深的、無關宏旨的全數濾除殆盡，然後從她的筆中流出，令文章變得順暢平易近人，是工程師與民眾的重要橋梁。假使這本書能給予社會實質的幫助，張小姐與出版社曾敏英副總編應居首功。此外要感謝昇陽建設的古山經理及李識君副理，他們提供施工細節作法及相關費用資料給我參考，豐富書裡的資訊，也感佩他們尊重專業與敬業的精神。

除了書裡的叮嚀之外，國立台灣大學土木系邱昌平教授經常耳提面命的一句話，我要特別告訴大家：消費者去工地查看的時候，最重要的一件事就是問：「工地裡總共有幾位技師？」一位技師都沒有的建案，千萬別買！

祝福大家都可以擁有安全又溫暖的家。

CONTENTS 目錄

目錄 CONTENTS

CONTENTS 目錄

第一篇

購屋前要注意的事

買房子是人生大事。動輒上百、上千萬、甚至上億元的交易買賣，絕對需要深思熟慮。買房子的選擇不外乎預售屋、成屋兩種，以下針對這兩種房屋市場的主流商品，經常遇到的問題，為您實地解疑。

001 買成屋好、還是預售屋好？

房市熱到爆，打開電視頻道，轉過來轉過去，總有「某某達人」教你如何靠買房子賺大錢，遮風避雨的所在，變成了投資炒作的生財工具。根據內政部建築研究所九十九年三月公布前一年的房地產景氣對策訊號，房市燈號重回象徵「安全穩定」的綠燈，房地產景氣復甦了。

和炒地皮致富的房市大亨不同，市井小民要用有限的資金買房子，總要精打細算一番，一坪動輒數十萬的房價，是高消費的產品，不管投資或自住，一輩子能有幾次消費的機會呢？買進一個「殼」前，可要張大眼睛看清楚啊！

在台灣買房子，不外乎「預售屋」和「成屋」兩種選擇。預售屋是指有建地、還沒蓋好就預先販售的房屋；成屋則是已經蓋好、現成的房子，包括新成屋與中古屋。

想買房子，到底預售屋還是成屋划算呢？

預售房屋從簽約、付款到交屋，往往耗時多年，購屋者要承擔相當大的風險。付清大筆款項，卻交不了屋；或是交屋後，發現與樣品屋差距甚遠因此打官司的案例，時有所聞。成屋則是現成蓋好的，眼見為憑，房屋現場能清清楚楚看到格局、裝潢、坐向、建材，依據自身經濟能力選擇房屋大小，買賣較單純。

所以就我的看法，買成屋比買預售屋安全多了。尤其是第一次購屋的薪水階級，沒有任何買房子的經驗，不妨先從成屋下手。

002

預售屋常見的陷阱？

預售屋常見的陷阱，至少就有下列事項：

建設公司提供的預售屋平面圖，沒有按真正的比例畫。

常常有人買預售屋，等到交屋時，才發現房間的大小比例和自己想像中「差很大」，也比樣品屋小，但是卻和建設公司出示的平面圖尺寸相同，這是怎麼回事呢？

原來，有些建商在畫平面圖時，根本沒有照真正的比例畫。如果房間很小，就把牆壁的厚度畫窄一點、柱子畫小一點，讓房間看起來大些；假使屋後有一條水溝，就把它畫成一條小溪流；周邊有塊小綠地，平面圖上就成了一片大公園。內行人唬外行人，你可能只買到一個「紙上」的大房子。

尤其是樣品屋、模型屋，花樣就更多了。按建築法規定，計算房屋面積時，是從牆的中心線（牆心）來計算坪數，如果一面牆厚十二公分，牆心到牆的外皮有六公分，建商在蓋樣品屋時，就把牆作成薄薄的一片，屋內若有兩道牆，房屋寬度淨差達十二公分之多！這是建商和房仲業者玩的魔術，當然囉，樣品屋的尺寸永遠比蓋好的房間大。

所以光看房屋代銷公司端出來的預售屋平面圖或樣品屋，不見得就知道房屋成形後的正確格局，再加上窗戶的大小、位置、高度，也可能和實際情況有出入，更別提室內、室外的建材，用的是高級品或次級替代品了。

反觀成屋、中古屋，就沒有這些「不可預期」的煩惱。

003 坪數灌水的伎倆？

一般建築物少不了公共設施，於是建商利用「公設比」，大玩「親愛的，我把房子變小了」的把戲，也就是坪數灌水——這是經常見到的預售屋糾紛來源。

即使契約上載明私有面積和公共面積的坪數，拿到房屋所有權狀時，卻發現室內實際坪數縮小了，全部跑到公共面積上，原來連水塔、屋頂、樓梯間、管理室、走道、陽台、雨遮、公共花台、機房、地下室、停車場……洋洋灑灑一大堆不管你用不用得到的地方，統統算「公家共有」，也要計算坪數來賣給你。常見連棟社區有很漂亮的中庭花園，按理說屬於法定空地，不能計入公共設施面積，建商卻也叫購屋者付費。

假設一個很少有人使用的公共花台，建商一蓋半坪大，若地價一坪三十萬，你豈不是花了十五萬買一個用不到的花台嗎？以許多豪宅為例，公設比多半近四成，一間價值一億多元的房子，四千多萬用來買公共設施，這筆錢可以在新北市買到四、五間還不錯的中古屋了，豪宅豈不是變「好窄」?!難怪行政院長吳敦義也覺得不合理，曾說過「雨遮一坪要五、六十萬，又不是土匪！」這樣的重話。

也許你覺得使用者付費很合理，想要享受規畫完善的社區品質，有游泳池、健身房、SPA中心、視聽中心、挑高的大廳、兒童遊樂區、交誼廳……等等設施，當然得有較高的公設比。但是當你下班回家後，想去視聽室借DVD，卻發現要排隊，想借的帶子老是借出去；游泳池發票券，有使用次數規定，時數過了就無效，而那個時段你永遠在上班；健身房人擠人；兒童遊樂區被小孩玩得髒兮兮、管理差……看得到，吃不到的公共設施有意義嗎？所有多出來的公設，增加了許多管理上的問題；管理得好，開銷必定驚人，羊毛出在羊身上，管理費用高，最後還是你買單；管理得不好，只能養蚊子。

我不知看過多少報廢的社區游泳池、最後改建成停車場的例子啊！當你看到公設比超高的預售屋建案，不要被代銷小姐推出的「超完美」公共設施所迷惑，先想想是否有其必要。

004

權狀三十變二十，公設比是啥東西？

說了那麼多，應該已經對「公設比」有些概念。所謂「公設」，就是建築物的公共設施面積，依照土地登記規則規定，有全體區分所有權人共有（即大公，如管理室）、和部分區分所有權人共有（即小公，如樓梯間）之分。所謂「比」，就是佔所購買房屋總面積的分擔比例。到底分擔多少公共設施面積才算合理？有高有低，法令並沒有強制規定。以停車場為例，就有好多種賣法。有些建商把大樓地下室停車場縮水，再將車道面積分攤給全體住戶；或是將停車位、車道都算進銷售面積，雖然拉低坪數售價，其實你是當了冤大頭。

一般來說，「公設比」的「公定價」，大約是：五樓以下，公設面積約佔權狀總面積五％以下；五樓以上、八樓以下，則約五％～一二％；八到十二樓是一二％～二〇％；十二樓以上，二〇％～二八％；開放式空間的連棟式住宅社區三〇％～四〇％（依建案不同有所差距，並非準則）。你應該發現了，樓層愈高，公設比愈高。用「公設比」讓實際使用坪數縮水，這還算有良心的建商呢！若遇到明目張膽鑽法律漏洞的，才真正吃定你！怎麼說呢？

依據建築管理規則規定：「建築物之竣工尺寸高度誤差在百分之一以下，未逾三十公分；各樓層高度誤差在百分之三以下，未逾十公分；各樓地板面積誤差在百分之三以下，未逾三平方公尺；其他各部誤差在百分之二以下，未逾十公分者，視為符合核定計畫。」三點三平方公尺約等於一坪大小，市價要四、五十萬，有些存心佔便宜的建商，會在購屋契約上附加一條「但書」——「……蓋好的實際坪數，誤差在某個百分比以內，概不負責。」這是於法有據的混水摸魚，你能奈他何？

所以我才說買預售屋危機四伏啊！

005 害怕買到灌虛坪的房子嗎？

把雨遮、屋簷都計入公共設施連坪數一起計價的偷吃步作法，連政府都看不下去了，為了不讓「草繩和螃蟹綁在一起計價」，從九十九年的五月一日起，預售屋「定型化契約」規定，預售屋的主建物、陽台、雨遮、屋簷等附屬建物，以及樓梯間、走廊、機電房等等共有部分（即公設），須在契約中分開標示面積及售價。往後消費者買預售屋時要瞪大眼睛看清楚。

不過「道高一尺，魔高一丈」，面對新規定，建商們說，內政部只要求主建物、附屬建物、公共設施需「分開計價」，並未規定「須有不同價格」，所以有可能只是在數字上做文章，房屋總價還是差不多的。就拿新北市政府聯合稽查小組，在新制上路後，到板橋、蘆洲、雙和、新莊、三重、林口等地，連續抽查近二十個建案來說，沒有一家建商依照新制預售屋買賣定型化契約辦理，不合格率達百分之一百。如果你最近有在新北市看房子，也遇到這種建商，請打電話二九六〇三四五六轉四七六三新北市政府法制局檢舉。

不管如何，這項新規定代表房屋的交易資訊將更透明化。你買的房子，主建物幾坪？附屬建物幾坪？公設又是幾坪？各是多少標價？過去是打迷糊仗，通通算在房價內，現在卻要分開計價給你看。原本主建物、附屬建物、公設的建造成本、功能性及價值各不相同，當然應該各有不同價格，這才是公平對等的買賣交易。

若交屋時，你發現房屋登記面積不足、或主建物不足，依據新制，建商必須補足誤差；不足面積如果超過三％，你可選擇解約。這些，都是過去沒有的德政啊！

006

建商跑路是預售屋的噩夢？

有時候你會在路上看到蓋到一半的房子，荒廢沒人管——原本，他們也曾是意氣風發的預售屋，若碰到建商惡意倒閉，慘了，已繳的錢付諸流水，永遠交不了屋。

這種情況尤其發生在土地取得成本高、銀行利率走高、景氣卻持續低迷時，房屋銷售情況若不佳，建商撐不住了，只好撒手走人。

預售屋的付款方式，一般程序約是訂金、簽約金、開工款、工程期款、結構體款、交屋款等。訂金、簽約金、開工款統稱為頭期款，此時支付的金額不會超過房屋總價的二〇%，感覺似乎可以輕鬆買房子。接下來開工後的每一期繳款，就是建商「眉角」了。有的標榜「工程進度零付款」，建商卻拚命趕工，預期三年才蓋好的房子，一年不到就完工了，巨額的繳款壓力如泰山壓頂，沒有心理準備的初次購屋者，只好成為斷頭戶。我有個年輕朋友，曾在林口預定一戶蜜月屋，打算新婚居住，原以為每月繳一期工程款一萬五千元足以支應，沒想到房子愈蓋愈快，最高記錄曾一個月繳六期工程款九萬元，壓得她喘不過氣來，差點連婚都結不成了。

辛苦繳出去的錢，若遇上建商跑路，怎麼辦呢？消保會已通過「預售屋買賣契約書範本暨其應記載事項」，建商必須付履約保證之責。也就是說，消費者在買預售屋時，不怕建商倒閉，因為它必須提供土地或保證金，由金融機構提供價金返還保證，買房子的人仍可拿回已支付的價金。或者是全國或各縣市的建築開發商公會、同業同級公司需負連帶擔保，若建商無法完工，消費者可持買賣契約，要求連帶擔保公司完成建案後交屋。更好的是，建商須將預售屋價金交付信託，由金融機構設立專款專用帳戶，建商就不能把向消費者預收的款項挪作他用了，也可讓金融機構在工程期間負責資金控管，假設建商無法依約完工交屋，買方仍享有受益權。

假設驗收預售屋發現缺失，消費者有權將總價款的五％當做保留款，等建商修繕完畢，雙方複驗完後再支付。

007 預售屋如何打價格心理戰？

買預售屋還有一個重要的關卡：你必須懂得銷售人員的代銷花招，否則明明同時期買在同社區同樓層同坪數，每坪單價你硬是比隔壁的多花了好幾萬。

被美輪美奐的樣品屋吸引，踏進預售屋接待中心開始，你面對的就是建商請來的代銷人員，推案率及銷售量便是他們的收入來源，所以千萬不要被他們牽著鼻子走，換句話說，「別太相信他們的話！」

一般人都選擇在假日看屋，代銷公司為塑造「強強滾」的購屋人潮，會刻意舉辦活動，讓工地會場看起來非常熱鬧，當你隨口說喜歡高樓層時，銷售員會壓低聲音悄悄說，「高樓層賣的很好，只剩三戶了，你看隔壁那桌也在談，他們要買兩間，你若喜歡趕快先下訂金，小聲一點，我去請示公司開特別價給你，別被他們聽到你的買價比較低……」抬頭一看，果然這桌那桌都是人，先搶先贏，你很難不被「特別低」的「特別價」所吸引而衝動下訂。事實上呢？很可能高樓層一戶都還沒賣出去。

銷售人員喜歡玩的手法還包括把樓層差的「點」先銷掉。例如你指著模型大樓要這戶，他會說這些賣的一戶也不剩，只剩下低樓層的哪裡哪裡還有，而且「都已經有人在談簽約了，不快做決定很快就又被別人買走」之類的話，總之，就是營造「本建案搶手的很，要買要快啦！」的氣氛。

008 預售屋的殺價眉角？

若你很喜歡房子，也不要一天到晚在預售屋接待中心晃，讓代銷人員看出你非買不可的心，價格自然降不下來。最好請親朋好友在不同的時段上門看屋，看看不同的面孔下，銷售員講的話是否相同？再比對各自所開出的價碼、與餘屋狀況，會較貼近真實面。依據比對後，再親自上場殺價，就有砍價的勝算了。

一般殺價先議單價，再議總價。好比每坪二十八萬、三十五坪、總價九百八十萬的房子，殺總價頂多殺到九百五十萬；若先議單價，打九五折，可下殺到每坪二十六萬多，總價就能議到九百三十萬，足足比原價少了五十萬。

現在很流行「團購」，尤其在科學園區，同事們運用團體購買的人海戰術優勢，壓低銷售價格，甚至能與建案主管直接殺單價，視景氣好壞，打七到九折的空間是有的。若你能結合同樣有購屋需求的親朋好友一起看房子，為衝高銷售率，很可能讓你撿到便宜。

還有一種是「捧著現金」買房子。現場下單對買氣推動特別有幫助，若你表示「當場付現」，有沒有優惠價格時，保証銷售員會自動降價給你。尤其是一些動輒上千上百戶的大型建案，業者承受的利息壓力不小，用現金買賣能砍到意想不到的價格。我有一個朋友，老家住澎湖，家道殷實，孩子北上求職，落腳永和，他心疼孩子租屋辛苦，親自捧了八百萬現金到工地買房子，把代銷小姐嚇一跳，定價一千一百萬的房子當場成交。這已是十多年前的往事，如今房價已上看兩千萬，至今他仍津津樂道。

009

預售屋推案哪個時期買最便宜？

若你不要求樓層或景觀，每當預售屋推案的潛銷期，就是你議價的好時機，這個時期通常是案子接近尾聲的銷售末期，為了把餘屋出清，不用你提，銷售人員會自動降價，因為代銷公司要結案了。

不信你去比對一些知名建案剛推出時的價格、和開始動工後的價格，價差可達一兩成，若總價上千萬的房子，就能省下一兩百萬。

但是要有心理準備：這些業者俗稱的「沉澱戶」，多半是條件較差的剩餘戶，樓層、方位並不理想，要注意轉手不易的問題。

010 廣告戶、特惠戶可以買嗎？

有些重畫區或新開發區，推案量很大，為了刺激買氣，建商會以「特惠戶」、「廣告戶」的促銷手法，吸引買家上門，這些特惠戶通常是建案的最低價格，表面上很吸引人。

實際上呢？廣告戶雖具有價格優勢，多半位置不會太好，不是在四樓、正對路衝、就是在車道上方、或採光差的暗房，接待中心又只有漂亮的模型和樣品屋可看，你不見得能發現廣告戶的缺點。除非真的不計較景觀，便宜就好，否則要看清楚廣告屋的真相再買，羊毛出在羊身上啊！別太衝動了。

不要嫌麻煩，隨身攜帶布尺量量樣品屋的長寬高，再換算成坪數，你就會知道未來新屋與樣品屋之間的落差了。

還有一種代銷手法要特別注意：明明建案地點偏僻，卻在人潮眾多的路段、好比捷運站附近另設接待中心，用大量的開放空間美化樣品屋，增加賣相，這只是視覺享受，房子蓋好又是另一回事了。

011 預售屋定價多少才合理？

現在的房屋市場很弔詭，某些不具口碑的小建商推出的新建案，價格反而不如知名建商蓋好完工好幾年的中古屋；或在都更題材下，部分地區的中古屋，反而賣得還比新屋貴，前一陣子，台北永春捷運站附近、屋齡近四十年的老公寓賣出每坪八十萬的天價，豈不怪哉?!

照理講，新屋應該比中古屋貴，而且價差在二至三成左右才健康，尤其在同一區域內，預售屋的定價一定比成屋高。因為建商是以「預期」房屋蓋好後的市價來賣，若現在一坪市價三十萬，預估兩年後交屋，到時土地價值往上漲，再加上建造、行銷、利息等成本通通估算進去，定價可能會定在三十五萬左右。

所以買預售屋時，應以區域附近的新成屋價作標準，往上加五％到一〇％，若新屋每坪單價三十萬，預售案每坪訂三十三萬算合理區間。不過若房市景氣不佳，預售屋行情會非常接近新屋價格；反之，房市正熱，預售案行情會往上彈升到兩、三成以上、甚至更高的價差呢。假使想買房子，平時多留意附近區域房價，大致就知道預售屋推案時的定價合不合理了。

012

預售屋開工後要不要監工？

工地開始動工了，千萬別只忙著繳每期的房款喔，三不五時要到工地走一走——不是教你看熱鬧，而是看門道，一定要在工程期間去現場「監工」。

一棟房子的耐震設計與施工品質，除了從建築藍圖上所載事項判斷外，更重要的是有否確實施工。為保障自身權益，購屋時就要主動向建設公司索取結構設計藍圖。

在房屋興建過程中，每一批進工地的混凝土或鋼筋，都要採集部分樣品，做材料強度試驗，所以你可以要求建設公司於施工各階段，提供強度試驗報告，看看和結構設計圖所載是否相符，據此判斷有沒有偷工減料。這些工作若以單獨一個購買戶來做，確實不容易，最好多找幾個購屋者聯合起來，說話才有力量。

前往工地監控工程品質時，務必要看看梁柱結構混凝土的稠度，因為混凝土的強度，從混凝土的濃稠程度就能推測出來：如果從預拌混凝土車傾瀉而下時，很快就攤成水平狀，則其強度就值得深入探究。順便收集部分採樣，送往結構技師公會檢驗，看看含氯量有沒有超過標準，以免完工後補救困難。

梁柱鋼筋的排列方式也很重要，關係到房子的耐震強度，監工時絕對不要忽略，多少在地震中倒塌的建築物，都是因為鋼筋排列方式錯誤啊！一般而言，鄰近柱子的梁上箍筋（兜攏橫梁的鋼筋）間的距離，需小於橫梁的高度減去六再除以四（箍筋間距<（橫梁高度－6）÷4），柱上、下端的箍筋間距則不能超過十公分以上，才能保證耐震強度的設計無虞。另一個好的方法是，問問看現場哪一位是營造業的技師？哪一位是監造結構技師？假如都在的話，表示建案看重技師專業，包準工程管理上軌道！

若你看到工人鋼筋亂箍一通，而且數量、尺寸都沒有按圖施工，趕快拍照存證，向建商反應亡羊補牢。

大梁的箍筋間距要夠密。

柱的箍筋根數及間距密度也很重要。

梁柱接頭的箍筋最重要。

013

買中古屋有風險嗎？

買中古屋的風險比預售屋小很多，但是不等於「零風險」。

——剛買下一棟成屋，住不到幾個月，客廳就因為是公園預定地被拆掉了。

——搬家才一周，廚房為配合污水下水道工程被拆除，竟是前屋主擅自打出去後巷的違建。

——新遷入不久，平白無故被鄰居告上一狀，原來舊屋主佔用他人地界，早就纏訟多年，可憐接手二手屋的人，連帶成為「二手被告」還被蒙在鼓裡。

——付出上百萬元訂金，興沖沖辦理房屋過戶時，赫然發現房子已抵押給銀行，有數百萬元欠款未清，究竟是接下原屋主的債務、還是想辦法要回購屋訂金？

——買下美輪美奐的社區大樓，卻發現空中溫泉泳池是大違建，地下一樓的多功能交誼廳是機車停車位，水晶光廊是天井空間……

——更倒楣的是，買到的房子，住沒三天，漂亮的天花板掉下來了，原來竟是海砂屋！而這也是北部最常見的購屋糾紛。

以上的案例都是活生生在新聞媒體上演過的真實故事，受害者多如過江之鯽，不可不防啊！

014 房仲業者的話可不可信？

如果是透過房屋仲介業者購買中古屋，不能光用眼睛「看」房子，憑外觀就相信屋主、房仲所說的一切，必須確切要求告知屋齡、坪數面積、產權等問題，請足堪信任的代書代為查詢，尤其當房仲一再強調這是「一手屋」、「很乾淨」時，更要謹慎，表示他們正全力想把這間房子銷出去，若不是佣金很高，便是有其他問題。

以前買賣中古屋時，房屋仲介業者常利用「兩手外交」的手段，向買方抬高售價，向賣方殺低屋價，兩邊傳話，以賺取超額佣金，俗稱「中人費」。有的更狠，先通通收斡旋金，再比較誰的出價最高，和最高者成交，再退斡旋金給其餘的買主。所以房仲業者的話聽三分就好。

合法的仲介直營店，案源較豐富，佣金收取也較為合理，若不幸買到海砂屋、漏水屋、輻射屋等等有瑕疵的中古屋時，也較有保障的規範，不會置之不理。

015 常見的中古屋買賣糾紛？

一般中古屋較常見的購屋糾紛，多發生在產權及面積計算上。有的是產權不清、一屋兩賣或多賣、或被法院查封；而產權登記時，面積計算有誤差，有時是賣方或房仲「灌水」，或是附屬建物如陽台、平台、露台等等公共設施沒辦理登記，使銷售面積與登記面積有出入，買賣雙方產生紛爭，最後要靠實地丈量，甚至上法院打官司才能解決。

016 買中古屋要注意的事？

買中古屋要多看幾回，別太衝動，挑下過雨的日子去看更好，可以看出會不會漏水。

付訂金前，先跑一趟地政事務機關，調閱該屋的建物及土地登記謄本，看清楚房屋的所有權人，是否就是和你交涉的屋主，還是另有房屋土地持分人？免得付完訂金，才發現賣房子的，只是房屋眾多持分人之一。這就像是只跟大公司的某一個「股東」交易一樣，並不代表公司全體都贊成買賣，錢付了也沒用。

017 中古屋被抵押貸款了嗎？

別忘了查看房屋登記面積和業者所說有無出入。主建物坪數、附屬建物、公共設施、停車位等等坪數都要寫清楚，最好實地丈量，才不會在坪數單價上吃虧。

更重要的是，看清楚房屋、土地是否有設定抵押權給銀行或個人，抵押順位共有幾位？如果很多，表示原屋主早已負債纍纍，債信不良，日後房屋被拍賣的可能性很高。

請記得再到公務機關查閱都市計畫圖，看看房屋所在位置有沒有被畫成公園、道路或其他公共設施用地，否則入住不久就面臨拆屋的命運，空歡喜一場。

要調閱上述資料，手續很簡單，只要攜帶申請人身分證、印章、申請建築物的建號及土地地號（房屋所有權狀上有登載）、房屋所有人姓名、身分證字號就可以辦理，當天申請，當天獲得資料。其實這些資料也可請仲介業者出具，有信譽的業者多半不會拒絕。

018

買中古屋的稅費責任誰負責？

根據我國現行土地登記制度，必須先完稅，才能辦妥所有權登記移轉，但是完稅需要一段公文往來時間，一旦簽約付款，把房子買下來後，若在完稅期間，產權發生變化，對買方很不利。所以決定購買、付錢之前，要先查看房屋稅、地價稅等是否都如期繳納，有沒有積欠水電費、電話費、瓦斯費、管理費等，而且在訂立購買契約上，對於增值稅、一般契稅、地價稅、房屋稅、代書費等等稅金費用，都要明確註明責任歸屬、付款方式，以免日後糾紛，增加移轉過戶的風險。

第二篇

替中古屋做健康檢查

買中古屋，怕不怕買到輻射屋、海砂屋、漏水屋、瑕疵屋……？以下教您如何分辨、判斷、及選擇，使您不致在中古屋市場踩到地雷。

019 輻射屋哪裡來？

我們居住的環境，原本就有微量輻射，房屋建材也幾乎免不了有微量的放射性物質，對人體不會造成傷害。但自從民國八十一年發現第一批輻射鋼筋屋之後，民眾才發現，即使房子蓋得華美端正還不夠，如果施工時使用輻射鋼筋，住進去連呼吸都有毒！

早期國內醫、研、工、農、商各界使用輻射源並不重視管制，民間醫院使用過的放射性物料、報廢輻射源、核廢料等，也沒經過適當處理，有的就地掩埋，造成土壤污染；有的送到廢料廠如廢鐵場，就成為輻射鋼筋的元兇。一旦建商在不知情下使用，蓋好一批批的輻射屋，就此誕生了。

八十年開始，輻射屋問題如雨後春筍竄出，過量輻射增加了居民的致病率，甚至罹癌風險也提高了，各界震驚不已，大家開始重視輻射源報廢處理，政府也立法加強管制，所以近年來，新成屋市場幾乎看不到輻射屋的蹤影了。反倒是對屋齡介於二十六到二十八年間的中古屋，要特別提高警覺。為什麼呢？

根據行政院原子能委員會全面清查結果，台灣已確定的輻射建物共一五八〇戶，全部都是民國七十一年到七十三年建造，核發的建物使用執照集中在七十一年十一月到七十五年一月間，換句話說，你住的房子、或你正打算要買的屋子，建造期落在這個年限中，小心！測一下比較好。

020 多少輻射劑量才算危險屋？

和房屋結構不良、屋況差、漏水屋、海砂屋等不同，輻射屋從外表完全看不出來，也無可供辨認的蛛絲馬跡，但是長期在高輻射劑量的房子裡生活，再注重養生也沒用，一旦重病上身，才恍然大悟「住錯」了房子！這就是輻射屋可怕的地方。

多少輻射劑量算危險？室外的伽馬射線每小時不超過〇．二微西弗，都算正常劑量，若在屋內檢測，因建材都有微量放射性物質，室內會稍微提高，但一般不會超過〇．四微西弗。若年劑量超過二．四毫西弗，那可不妙，對人體健康絕不是好事。

若是因居住在輻射屋內生病，原子能委員會提供免費的健康檢查和醫療照護，而且定期追蹤。假使想搬遷或有意改建，原能會也會以市價價購，或發放工程補助款，最高上限五十萬，目前已有九十六戶受惠。

021 如何辨認輻射屋？

用肉眼判斷房子有沒有被輻射源污染，那是天方夜譚，根本不可能，只能靠儀器鑑定。最省錢的辦法，若有親朋好友在學校擔任教職，拜託他向學校商借「蓋式計測器」，這是一種能夠偵測輻射量的儀器，若劑量太高時，計測器就會響個不停，只要是高工、高職、大專大學的物理、化學老師，一定借得到。否則，一般結構技師、土木技師、建築師公會也會有計測器。再不然，亦可向原子能委員會索取「熱發光劑量計」（TLD）貼掛在屋內，再送至核研所進行解讀。

當然啦，交給專家辦，更妥當了，只是要花點錢。專業的「輻射防護及偵測」業者，能到府上作立即性的服務，原子能委員會網站上有推薦優良業者名單，只要業務內容包含「建築物輻射偵測」即可，費用約在兩三千元以內，開價太高亦可向原能會申訴。

檢測結果若不幸中獎，又無能力搬遷或拆除，年劑量大於五毫西弗者，可免徵房屋稅；大於一、小於五者，房屋稅減半，同時每年免費全身健康檢查，別讓自己的權益睡著了。

假設買中古屋怕買到輻射屋，別怕！依據「輻射污染建築物事件防範及處理辦法」規定，只要房屋偵測結果，輻射年劑量超過一毫西弗，原能會依法造冊函送當地地政事務所建檔備案，或是上原子能委員會網站查詢，每一戶輻射屋都是「有案在身」，嚴格控管，不怕一時誤買——買房子前，勤快一點，查，就對了！

022 什麼是「海砂屋」？

買了新房，才住沒幾個月，牆面、天花板竟像脫皮似的掉屑，接著，整片樓板混凝土塊垮下來，該被混凝土包住的鋼筋好像人骨一樣暴露出來……這可不是在拍驚悚片，而是海砂屋現場實錄。

第一棟被證實的海砂屋，是位在桃園市占地千坪的正光花園新城。緊接著，台北市延壽國宅也被宣告為海砂屋，很快的，全國出現一連串海砂屋骨牌效應，共同特徵都是：混凝土大量剝落、鋼筋腐蝕外露，房屋結構體嚴重毀損。

早在桃園正光新城曝光前幾年，大約民國八十年開始，我就在板橋、士林一帶，陸陸續續鑑定出房屋含氯量過高的情形，可見國內海砂屋的存在時期相當早。比幅射屋恐怖的是：輻射建物出產年限可查可控管；而海砂屋幾乎是一個年代的特殊產物，未浮出檯面的海砂屋恐怕還很多，消費者要自求多福。

什麼叫做「海砂屋」？必須從「砂」的來源說起。

蓋房子用的混凝土，是由砂、石頭和水泥混拌而成。民國七十年以前，北部興建房子所使用的砂，大部分採自新店溪，砂的顆粒粗、不含鹽分，適合建築物使用。但濫採的結果，新店溪上、下游砂石都被掏空，河面不斷下降，造成橋墩傾斜，於是政府下令禁採。採砂業者因此轉移陣地，改到淡水河口附近開採。淡水河口的砂，顆粒細、含泥量高，又有海水倒灌的問題，即使是河砂，也內含鹽分。鹽在水中會溶解成氯離子，混拌成混凝土之後，包裹住鋼筋，會在短期內造成電化學反應，使鋼筋容易腐蝕，不但較易折斷，水泥也會剝落，嚴重影響建築物安全。

所以「海砂屋」真正的定義，並非指用海砂蓋成的房屋，河砂也可能是罪魁禍首，只要是含氯量過高的房子，就像在海邊築起的沙堡一樣，一遇海水衝擊，立成泡影。所以用海砂蓋房子並不一定會出問題，先決條件是：所用的砂是海水淹不到、潑不著、長年經過雨水清洗過的，就不會有氯離子含量過高的問題。

除了砂本身內含鹽分的問題外，顆粒細、「細度模數」小的砂，混拌時水泥量應提高，否則混凝土的強度會下降。假使圖省錢省事，沒有相對增加水泥量，就算鹽分低，但混凝土強度不足，蓋好的房子仍舊會有類似海砂屋現象。

還有一種情況是：砂沒問題，但用來拌和混凝土的水，誤用了海水，尤其在海水倒灌嚴重的地方混拌，如淡水河口附近，最容易發生。

所以，海砂屋形成因素，不外乎上述三點：誤用海砂；河砂細度模數小，水泥用量不足；用海水混拌混凝土。下場都是混凝土含氯量過高，房屋短期內便喪失了結構強度。

023 海砂屋分布何處最多？

七〇到八〇年代，是海砂屋最猖獗的時候，因為建築業景氣大好，民國八十一、二年間，海砂的使用量達最高峰，距今不過十幾年而已，這些成屋都仍存在於中古屋市場裡，是隱形的未爆彈。八三年以後，海砂屋問題浮出檯面，海砂用量驟減，到了九〇年代，已經沒人敢用海砂蓋房子了，轉而向大陸進口居多。

哪些區域海砂屋多？

北部因河流少，河砂取得不易，都市又多分布在沿海地區，所以海砂屋較多，如苗栗以北，尤其是桃園、新竹一帶。有些靠海邊的新建屋，為了節省外地運砂的交通成本，就地取材，直接採海砂來用，如林口沿海附近的鄉鎮。因為每立方公尺的河砂要價是海砂的三、四倍之多，在無知和貪小便宜的心理驅使下，你說，會不會有建商捨河砂而就海砂呢？

中南部因溪流多，大甲溪、濁水溪、高屏溪等都是河面寬廣的淡水河，較少聽聞有海砂屋現象。但是靠近海邊的城鎮，如大甲，還是有海砂屋的蹤跡。尤其是沿海的小鄉鎮，房子幾乎都是就地取材使用海砂蓋成的。更可怕的是，若用到的海砂，是海水漲潮線以上的部分，砂的含鹽量還算低；假使取到海水漲潮線以下的海砂，含鹽量就恐怖了，這樣蓋出來的房子，沒幾年肯定報銷。

024 如何分辨海砂屋？

大量使用海砂蓋房子的年代持續將近十五年，所以民眾買中古屋時，碰到海砂屋的機率，相當高。有些買到海砂屋的住戶，又把房子裝潢得漂漂亮亮的，再轉手出售給倒楣的第三人，所以想縱橫房市，必須培養識破海砂屋的一對「法眼」。

如何一眼看出海砂屋呢？

假使把房子當做人，海砂就像是潛伏的疾病，早期出現的症狀是：樓板（天花板）的混凝土保護層會突起、剝落，看起來很像壁面受潮的「壁癌」，但病因完全不同，接著鋼筋會暴露出來。如果梁上開始出現水平狀裂縫，代表梁內鋼筋已經生鏽了。海砂屋的末期病徵是：柱子出現垂直狀的裂縫，這時正式宣告藥石罔效。

一般屋子天花板為原有鋼筋混凝土樓板的防火效果最好，假使看房子時，看到前任屋主在屋頂樓板加做一層甘蔗板或天花板，這就不對勁了，要提高警覺，最好能掀開夾板看一看，裡面有沒有剝落的混凝土碎片。就算不是海砂屋，這種隔板設計容易孳生老鼠，沿著冷氣風管、水電管路在各樓層

海砂屋初期的現象 — 樓板鋼筋混凝土保護層凸起、剝落、鋼筋鏽蝕。

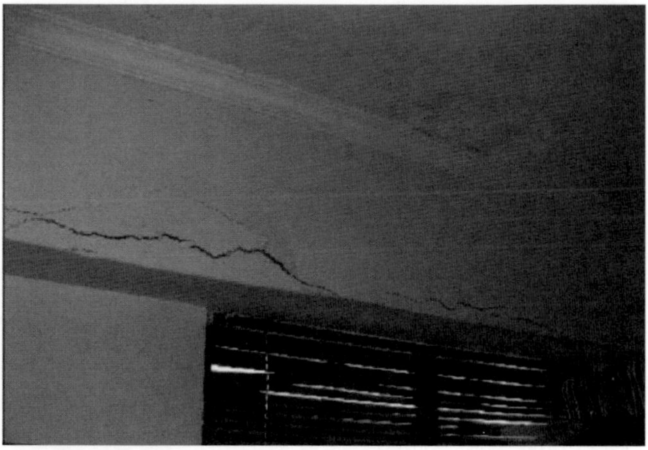

梁上出現水平狀裂縫。

海砂屋樓板鋼筋鏽蝕導致樓板塌陷。陳正平結構技師提供。

試體中性化試驗後，染成紫紅色的區域以外部分，表示已經中性化了。

間跑來跑去；萬一不幸發生火災，火苗透過隔間內的天花板風管，會竄得特別快，絕對不是好的裝潢方式。

請專家鑑定，自然更妥當囉。當你強烈懷疑自己可能買到海砂屋時，最好委託結構技師做專業的檢測，他們會在梁測、樓板或牆面鑽取混凝土試體，做氯離子含量、抗壓強度，以及中性化等試驗——用酚酞試液測試中性化時，當混凝土PH值降到十以下會呈現無色狀態，表示混凝土已經中性化、老化了；反之則是健康的紅紫色，一切都逃不過專家的法眼！下圖是混凝土取樣試體作中性化試驗的照片。

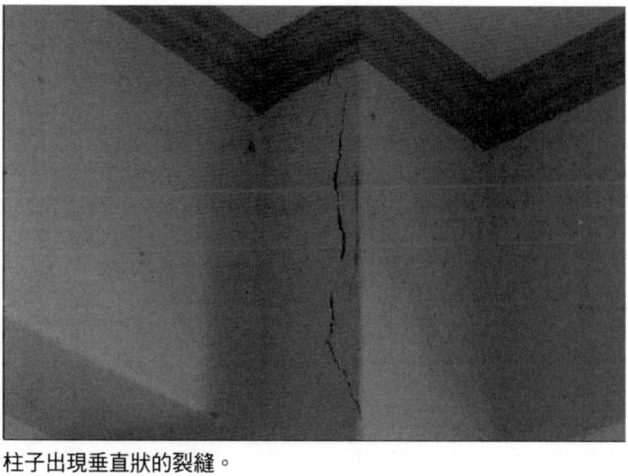

柱子出現垂直狀的裂縫。

025 鑑定海砂屋的迷思？

我曾經處理過不少海砂屋的鑑定案，發現消費者都吃了悶虧，怎麼說呢？

有人買了屋齡快二十年的房子，住沒多久，發現買到海砂屋，找房屋仲介公司理論，結果他們抬出ＣＮＳ３０９０國家標準規定來，說民國八十三年以前，政府根本沒有氯離子含量規定，因此不受規範，這就是外行人說的話。

早在六十三年，由內政部頒布的「建築技術規則」第三四〇條中明文規定：「……水、混凝土所用之水，需清潔、無油、酸、鹼、鹽……」，這麼簡單的白話文誰看不懂？意思就是說，混凝土內不管是水或砂，一點氯離子含量都不准有！

民國八十三年，政府正式規定了新拌混凝土中的水溶性氯離子含量的國家標準。原本是美意，卻常被房仲公司曲解，作為不履約保證的擋箭牌，對於買到屋齡十六年上下、疑似海砂屋的民眾而言，實在不公平。因為國家標準中規定，一般鋼筋混凝土氯離子含量是〇・三 kg/m3至〇・六 kg/m3，但若大於〇．三kg/m3時，鋼筋必須作防銹蝕處理，問題是：那個年代哪個建商會替鋼筋作防銹蝕處理呢？這是很貴的技術，根本不可能。所以，當房屋檢測出混凝土氯離子含量高於〇．三 kg/m3、卻小於〇．六 kg/m3時，明明就已經算是海砂屋了，但房仲業者卻認為還在八十三年政府所規定的標準值以內，消費者也莫可奈何，這就是海砂屋鑑定案中常常發生的爭議，不可不防。

為了避免爭議，民國八十七年的CNS國家標準已正式明訂為〇．三kg/m3，對於屋齡十二年以內的房子而言較有保障，但總歸一句話：買房子，別忘了跟信譽良好的建商或房仲業者打交道！才不會花錢又受氣。

026

海景屋浪漫嗎？

文藝電影中常出現的海邊別墅、濱海小屋，感覺好有情調，其實若把它移植到現實場景來，這種海邊建築一點也不浪漫。

靠海的環境，含鹽分高，對鋼筋有高度危害性，在蓋房子時，一定要預做防蝕處理，才不怕侵害到房屋結構。國內最常見的防蝕技術，是用環氧樹脂（俗稱ＡＢ膠）將鋼筋包起來，或表面做熱浸鍍鋅處理，不過用環氧樹脂包覆鋼筋會造成鋼筋握裹力降低問題，一般不建議採用；此外，也可以用特別的混凝土來降低鋼筋鏽蝕的作用。海砂必須先經沖洗，施工要更仔細，一切按照標準程序作，才不怕海邊的高含氯量。一筆防蝕處理費用是少不了的啦！所以，想住海邊豪宅？惦惦荷包吧。

027 房子歪了嗎？

房子歪了，表示地基傾斜，住在裡面的人會安穩嗎？這是很嚴重的結構危機。但是明眼人很難一眼看出房子端不端正、站得穩不穩，以下教你幾個法寶。

首先，站在房屋正面，從側面、背面觀察，看屋角和鄰近其他房屋的屋角是否平行？如果呈平行線表示ＯＫ。

再來進到屋內，看看壁角、樓板、梁柱有沒有裂縫？一般來說，幾乎所有的房屋或多或少都有些裂縫，如果裂縫寬度小於〇．一公釐，細而均勻，不管是垂直或不規則狀，對房屋結構影響不大。一旦看到裂縫寬度大於〇．三公釐，而且成斜角四十五度延伸，尤其發生在梁柱上，除了某些特例，通常是房屋不均勻沉陷、或混凝土強度不足的問題，結構安全亮紅燈，要小心了。

不妨拿個小道具——一顆小圓球做試驗，把它放在客廳或臥室的地板上，若圓球固定滾向同一邊，就代表地板會傾斜。我曾在報章雜誌上讀到，藝人傅天穎擅長投資買賣房子，每當她參觀房屋時，總會隨身攜帶顆小球，真是聰明的作法。不過，這個試驗不適合在廚房或廁所裡做喔！因為有排水孔的洩水坡度設計，結果會不準確。

看箭頭所指兩條屋角稜線是否平行。

028 房子為什麼會傾斜呢？

造成房屋傾斜的原因很多，有可能是鄰房施工不當，或附近有大型的公共建設開挖，但是只要不是基礎滑動、或嚴重的不均勻沉陷，都還能繼續居住。業界曾有個案例：屋主的左鄰拆屋蓋房子，使房屋傾斜，門窗無法關閉，於是狀告求償。沒多久，右舍也開始改建，結果房屋又向右傾斜，門窗奇蹟似的復原，開關無虞，整棟房子又「正」回來了，讓屋主平白賺到一大筆賠償金。這可不是笑話，確有其事。

倒是公共工程開挖，牽涉到大範圍的開挖，一旦有事，就是大事，整排房子都會出問題。最有名的，就屬八〇年代台北捷運剛開挖時，此起彼落的民房損害事件，好比八十三年捷運新店線二二一標開挖，導致林口社區一六八戶民宅傾斜成危樓，真是飛來橫禍。這關係到土壤地質的特性，非常重要，後續章節會特別來談。

有意換屋、買屋者，看到中意的房子，卻查勘出稍有傾斜，其實無妨，先請專業結構技師評鑑需要多少修補費用，再以此作為殺價的籌碼，議價空間加大不少，有可能買到便宜又好住的窩喔！

029 華美裝潢會騙人？

有些二手屋會附贈裝潢，美輪美奐，其實是騙人的糖衣，不容易檢視出內部結構系統的真相。

好比屋內屋外壁面貼滿磁磚，看上去好像非常亮眼，這時候反要睜大眼睛觀察：有沒有小片磁磚剝落、或是磁磚表層有裂痕、或磁磚新舊不一，這就代表牆壁有裂縫，房屋結構有問題。最怕的是屋內貼滿漂亮的新壁紙，牆面、樓板再釘上一層夾板，就算牆壁裂縫再大也看不見，最常發生在海砂屋。我曾鑑定過不少案子，千篇一律，受害者都是被房屋美麗的外表所騙，買下來後，把天花板、夾板打開，裡面全是裂開的混凝土碎片，連鋼筋都已腐蝕。

所以買中古屋時，選擇裝潢簡單、單純粉刷油漆的房子，比貼飽壁紙、雪白隔板的安全。畢竟裝潢好壞在其次，房屋的結構安全才最重要。有時裝潢太精巧華麗的房子，內部隱藏的危機更多。

九二一大地震時，有些裝潢得美輪美奐的房子倒塌了，斷垣殘壁的社區裡，一塊半倒的大理石碑，上面寫著：「……以精心的設計，完美的規畫，

外牆修補過的痕跡。

與其要求精美的內外裝潢還不如重視結構安全。

榮獲建築界最高榮譽——『XX金獎』的肯定……」，實在是一大諷刺！

030 公寓的公共區域美不美沒關係？

現代人習慣自掃門前雪，不大注意公共環境的維護，這裡若有結構損壞，通常沒人想花錢修理做掩飾，反而最能呈現出屋況的本來面貌，尤其是舊公寓。買房子看這裡就對啦！

例如公共樓梯間、地下室等處，一進去先觀察看看，牆面或梁柱有沒有斜裂縫、混凝土有沒有裂開剝落，因大家忽略維護公共空間，所有在屋內容易被隱藏掩蓋的漏洞死角，在此皆無所遁形。

反之，若公共設施的環境整潔，沒有設備損壞、潮濕、傾斜、裂縫、漏水等現象，表示這是一棟結構良好、保養得宜的好房子，值得購買。但是查看的時候要注意外觀上是否有修補過的痕跡，通常修補的地方會比較不平整，磁磚貼法、顏色、平整度也會不同，要明察秋毫以免被外觀的假像騙了！

總之，假使你將來想要「以小換大」，也該開始重視自己住家的公共區域，保持良好狀態，折算起來才划得來。

031 房子為何會漏水？

二手屋最讓人頭痛的兩大問題，一是裂縫，二是漏水，這兩大房子的頭號敵人，其實是一體的兩面，經常共生共存。

建築物結構不良，一定會漏水，例如房屋傾斜、地基不均勻沉陷、屋頂、牆壁隙縫漏水。而房屋結構之所以會有裂縫，進而開始漏水，和房屋「肌肉骨骼」——混凝土有關。混凝土在凝固過程，會開始乾縮、龜裂，就像收割後的稻田，不再給水後，田地會龜裂的道理相同，這就叫做乾縮。而且混凝土裹在建物表皮裡，當梁柱長期承受樓板、牆面、大型家具傳過來的力量後，這些荷重都會造成混凝土發生「潛變」現象，好似彈簧長期受力的作用，會失去彈性，再也變不回原來長度一樣。

通常當房子開始興建，混凝土乾縮、潛變的現象就會陸續出現，房子蓋好五年後，症狀才會慢慢穩定停止。但是因為混凝土裡面有配鋼筋，裂縫會細細的均勻分布，表面上不太容易看出來，而且建築物完工前的粉刷、油漆或其他表面裝修材料，會蓋掉裂縫。除非起造施工時，工人在混凝土內偷加水以便利灌漿，使混凝土強度降低，乾縮量倍增，這樣或許交屋一年內，就看得見牆面、壁面的裂紋了。只要屋內或外牆一有斜裂縫，過不了多久，整面牆就開始潮濕，表面油漆脫落，壁紙翹起，最後長出白色結晶粉末或白毛，表示房子已經進入「壁癌」時期了。

買中古屋一定要準備一筆「補縫」的預算，如果裂縫發生在外牆，放任不管，就算不滲漏，室內濕度也會居高不下，百萬裝潢鐵定泡湯。假使裂縫是在屋內，首先得看發生的位置在何處？裂痕有多寬多廣？朝向什麼方向？再決定如何補漏。

032 房子出現裂縫，馬虎不得？

為什麼裂縫這麼重要？因為小小一處裂縫，透露出許多房屋結構的警訊，「抓漏」固然要緊，檢查房屋裂縫更是茲事體大。尤其在國內想找出一間完全沒有裂縫的房屋，除非剛修補過或已經穩定下來的老房子，就算是造價昂貴的豪宅也幾乎不可能，每棟房子都有些或大或小、或斜或直的裂縫，有些裂縫在牆面、梁柱，有些會出現在牆角、窗沿；有的在天花板、樓地板。裂痕有垂直的、平行的、彎曲的、不規則狀的，而且寬細也不等。有些上寬下細、有些上窄下粗……，就像解碼一樣，姿態千變萬化的裂縫各自象徵不同的結構問題。

所有裂縫，假如是混凝土乾縮現象、或水泥表層砂漿粉刷不良所造成的，且裂縫呈垂直細長狀，寬度一致，不必煩惱，房子仍可安心續住；但如果是其他因素下的產物，好比建物傾斜、地基不均勻沉陷、結構系統不良、施工不良、混凝土含氯量過高，且裂縫斜度成四十五度角，寬度在〇．三釐米以上，事情就大條啦！下次大地震來前，要小心提防。

所以幫中古屋做體檢，最重要的勘查三部曲是：樓板混凝土是否剝落？

牆是否有裂縫？梁及柱上有無水平、垂直或斜裂縫？

以下將牆、梁、頂部樓板（天花板）、地坪樓板（地板）、梁柱等，經常會看見裂縫的地方，以出現裂縫的不同型態所代表的房屋問題，繪圖詳列於後，消費者可以按圖索驥，不管是買房子或自己住家，皆可明察秋毫，使裂縫無所遁形。

033 牆的重要性？

在所有結構構件裡，牆的強度不一定最強，但是談到「力學」裡的「剛度」，它卻是第一位，是受力的急先鋒。所以房屋受力變形時，牆首當其衝，全力抵抗力的作用，是承擔最多應力的構件。當它受力變形或漸漸開裂的時候，會把它原先承擔的力量漸漸分攤出去。所以當房子傾斜、基礎不均勻沉陷、大地震搖動、載重超過容許強度或其他力學行為時，首先產生裂縫的幾乎都是牆。

所有的牆裂縫都代表房屋結構發出的一種安全度警訊，就像人發燒一樣，人運動後體溫會升高，感冒或體內發炎也會。人發燒必須去瞭解原因，若是生病就要採取適當的治療。房子發生裂縫也要去找原因，可能是無關緊要的，也可能是嚴重的問題。九二一地震時有很多倒塌的房子，在之前的小地震就已經有一些損害產生，可是沒做妥善處理，頭痛醫頭、腳痛醫腳，錯失良機，結果更大的地震來襲就倒塌了。所以房屋在自然狀態（非人為的）下發生損害，一定要找真正專業的技師來幫忙檢查，並採取必要的措施。

牆分成很多種，從力學作用來說可分為結構牆、非結構牆。結構牆通常是十五公分厚以上的鋼筋混凝土造。非結構牆分外牆（含隔戶牆：一戶與另一戶相隔的牆）、隔間牆（浴廁、房間之間的牆）。外牆與隔戶牆目前絕大部分是鋼筋混凝土造，但是民國八十年以前很多是二十四公分厚磚造牆。隔間牆大部分是十二公分厚磚造牆或輕隔間牆。

隔間牆對結構的影響最小，其次是外牆與隔戶牆，它們對於低層的建築物影響較大，對高樓影響較小，與梁柱相連接得越多就影響越大。雖然結構設計的規定，不能考慮它們對抵抗地震力的貢獻，但是外牆與隔戶牆還是有作用的。在九二一大地震時，

不管一樓做什麼用途，牆變少了就要檢討補強。

一樓當停車空間牆很少，地震時一樓壓毀（一）。

一樓當停車空間牆很少，地震時一樓壓毀（二）。

很多房子承受的力量比法規規定的設計地震力大很多，本來應該倒塌的但是沒倒，大部分都是外牆與隔戶牆的額外貢獻。

至於結構牆對建築物的影響當然很大，因為結構設計的時候就已經把它考慮在內。

所以房子的牆對結構安全非常重要，除非已經詢問過結構技師，不要隨便更動。許多一樓牆很少的房子，在日本阪神地震、九二一地震時倒塌，甚至在四川地震也看到嚴重損壞的例子。因此房屋結構設計規範要求，要考慮非結構牆的影響。

034 牆上裂縫代表什麼？

牆的重要性前面已經介紹過了，以下是牆的損害現象及可能造成的原因：

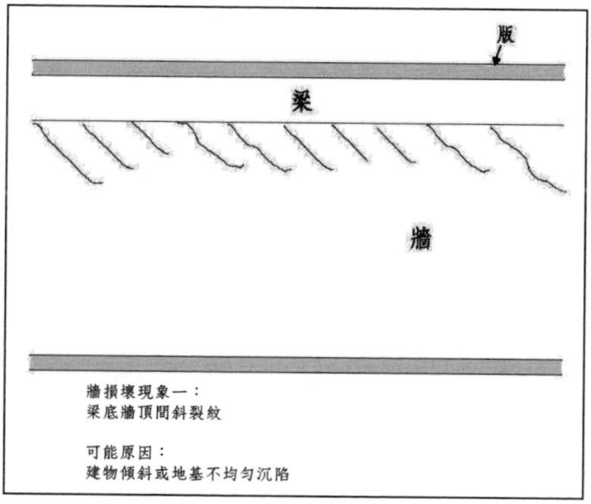
版
梁
牆
牆損壞現象一：
梁底牆頂間斜裂紋
可能原因：
建物傾斜或地基不均勻沉陷

這種牆裂縫通常發生於室內的隔戶牆。

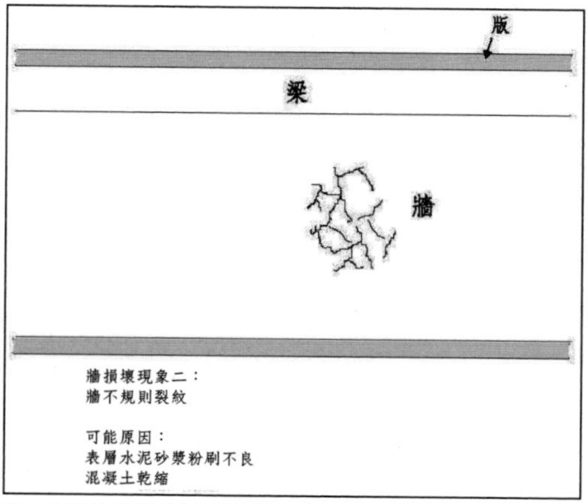
版
梁
牆
牆損壞現象二：
牆不規則裂紋
可能原因：
表層水泥砂漿粉刷不良
混凝土乾縮

這一類的裂縫不會影響房屋結構安全性。

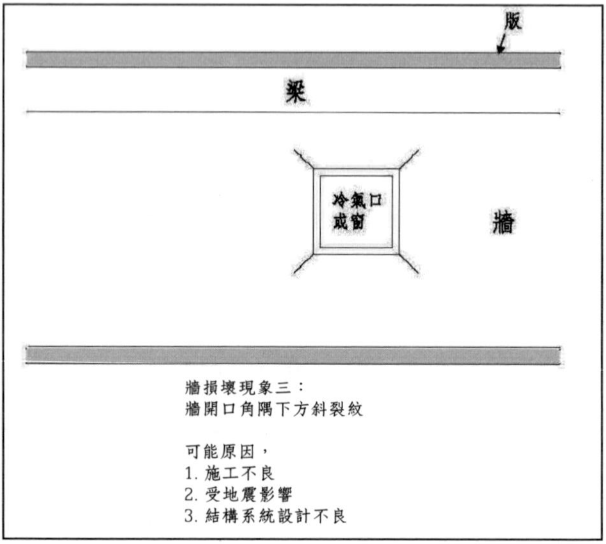
版
梁
冷氣口
或窗
牆
牆損壞現象三：
牆開口角隅下方斜裂紋
可能原因，
1. 施工不良
2. 受地震影響
3. 結構系統設計不良

假如裂縫微細（小於0.15 mm）的話不需特別注意。

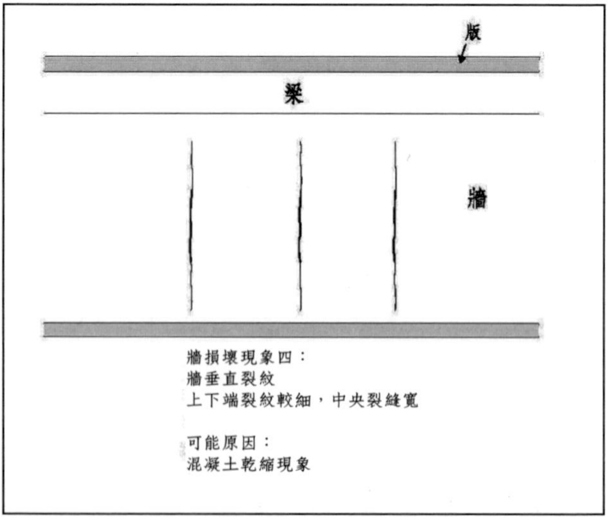
版
梁
牆
牆損壞現象四：
牆垂直裂紋
上下端裂紋較細，中央裂縫寬
可能原因：
混凝土乾縮現象

這種現象發生時混凝土強度可能不足，需要檢驗。

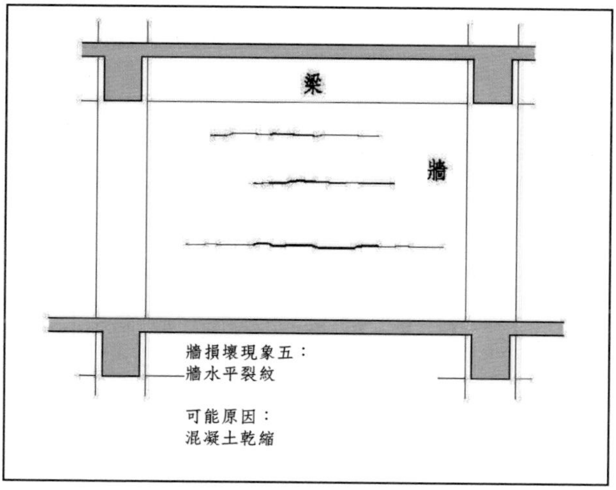

這種現象發生時混凝土強度可能不足，需要檢驗。

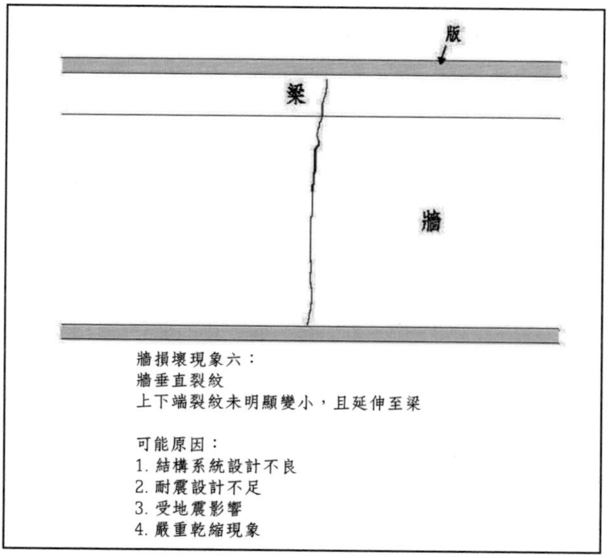

這種現象的成因應該深入調查。

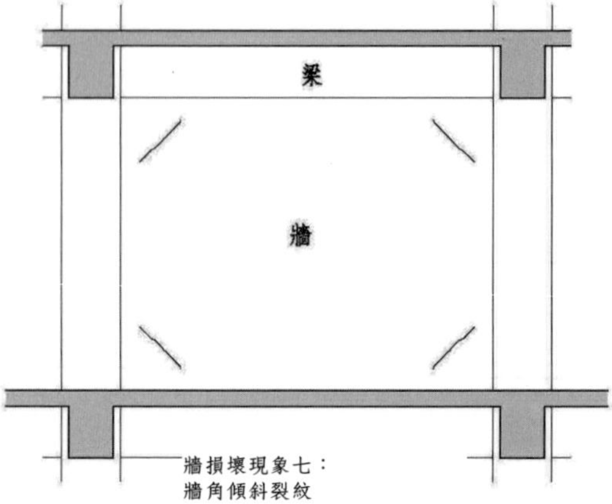

牆損壞現象七：
牆角傾斜裂紋

可能原因：
混凝土乾縮現象

這種現象發生時混凝土強度可能不足，需要檢驗。

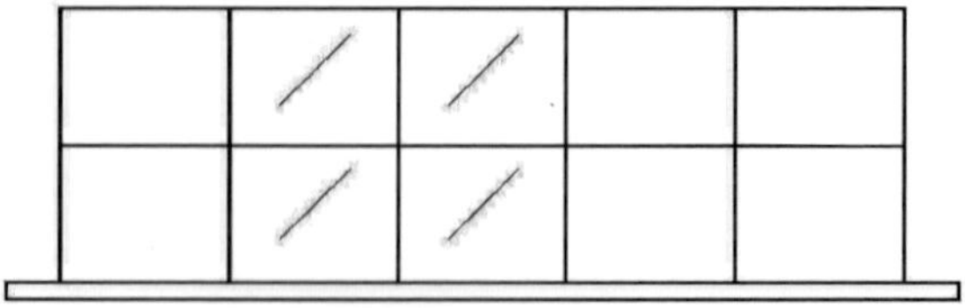

牆損壞現象八：
數片牆規則性斜裂紋

可能原因：
1. 建物傾斜
2. 地基不均勻沉陷

這是整棟房屋的外觀牆面示意圖，需要測量傾斜度及地面沉陷情況。

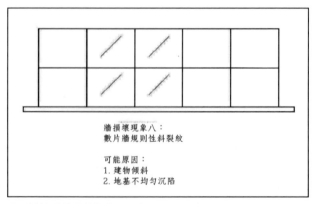

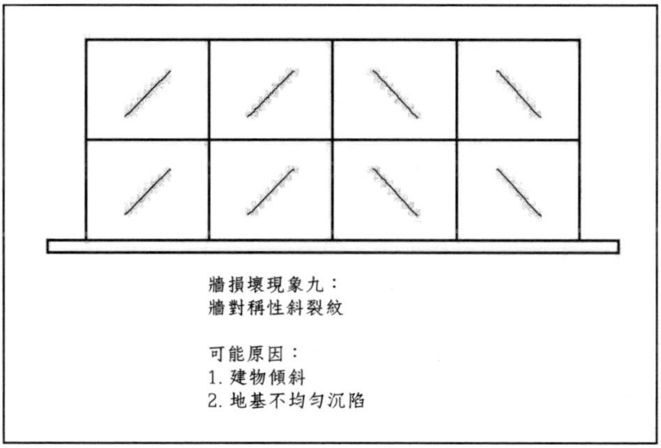
牆損壞現象九：
牆對稱性斜裂紋
可能原因：
1. 建物傾斜
2. 地基不均勻沉陷

這是整棟房屋的外觀牆面示意圖，需要測量傾斜度及地面沉陷情況。

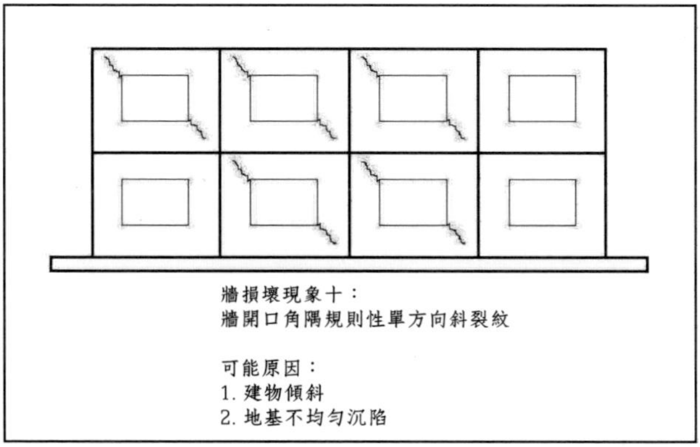
牆損壞現象十：
牆開口角隅規則性單方向斜裂紋
可能原因：
1. 建物傾斜
2. 地基不均勻沉陷

這是整棟房屋的外觀牆面示意圖，需要測量傾斜度及地面沉陷情況。

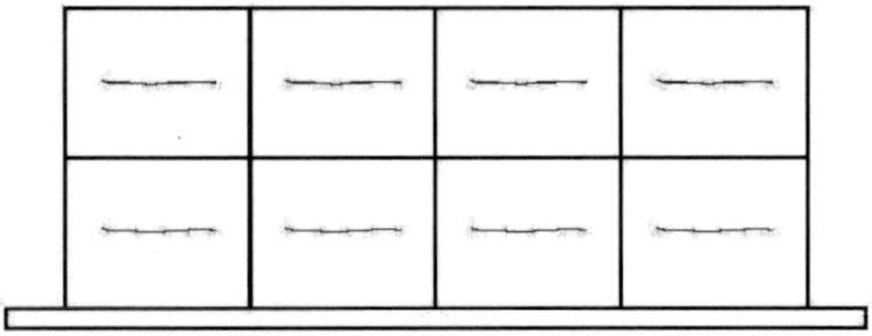

牆損壞現象十一：
多面牆規則性水平裂紋

可能原因：
1. 建物傾斜
2. 地基不均匀沉陷

這是整棟房屋的外觀牆面示意圖，需要測量傾斜度及地面沉陷情況。

035 梁上裂縫代表什麼？

梁及柱都是主要結構體。梁分三種，一種是大梁，其他是小梁及基礎梁，基礎梁在這裡不談，因為大部分的時侯看不到它。梁的兩端只要其中一端連接在柱子上面，就叫做大梁，兩端都沒有接到柱子的就是小梁。大梁的應力與水平向及垂直向的地震相關，小梁只跟垂直向的地震有關。通常垂直向的地震力不太會影響小梁的設計強度，所以同樣的裂縫發生在小梁、比發生在大梁安全威脅較小。

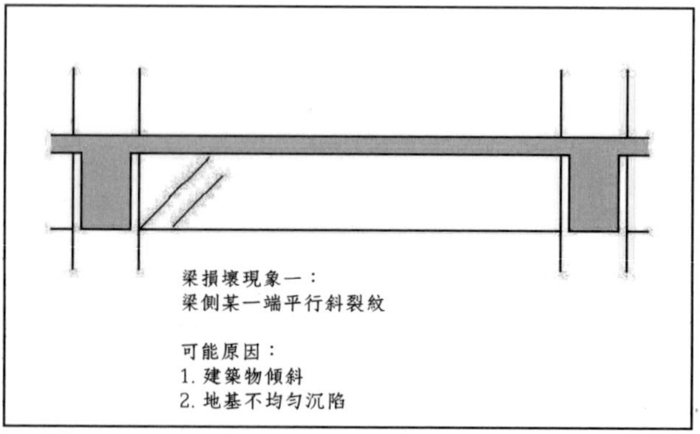
梁損壞現象一：
梁側某一端平行斜裂紋
可能原因：
1. 建築物傾斜
2. 地基不均勻沉陷

這種情況也有可能是混凝土強度不足，但是機率較小。

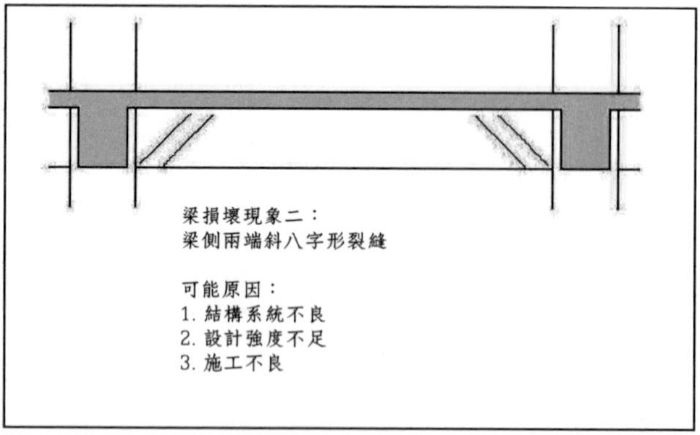
梁損壞現象二：
梁側兩端斜八字形裂縫
可能原因：
1. 結構系統不良
2. 設計強度不足
3. 施工不良

這個現象最有可能的是混凝土強度不足。

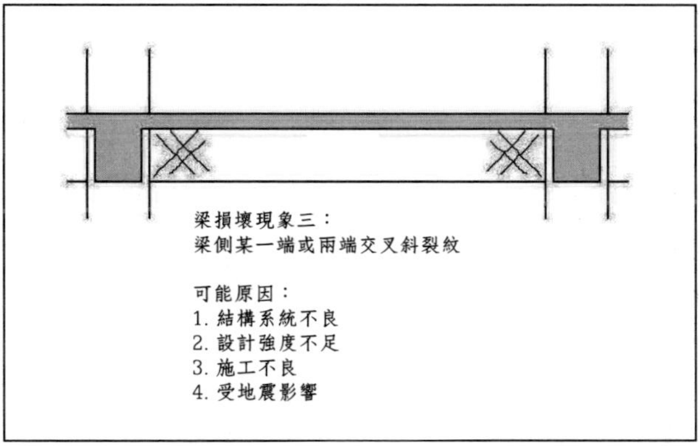
梁損壞現象三：
梁側某一端或兩端交叉斜裂紋
可能原因：
1. 結構系統不良
2. 設計強度不足
3. 施工不良
4. 受地震影響

交叉的斜裂縫通常是地震後的現象。

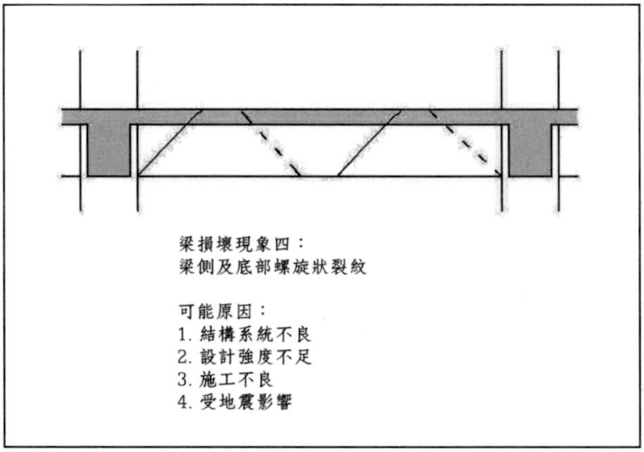
梁損壞現象四：
梁側及底部螺旋狀裂紋
可能原因：
1. 結構系統不良
2. 設計強度不足
3. 施工不良
4. 受地震影響

螺旋狀裂縫通常是設計不良造成的。

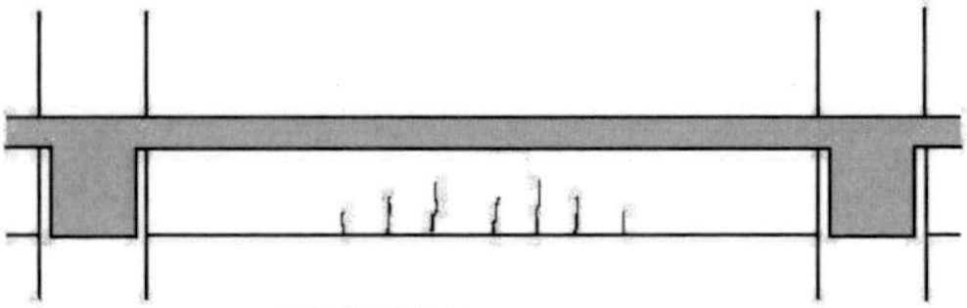

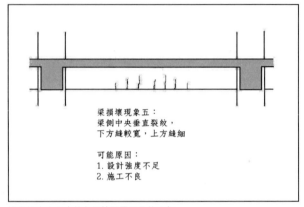

梁損壞現象五：
梁側中央垂直裂紋，
下方縫較寬，上方縫細

可能原因：
1. 設計強度不足
2. 施工不良

這是梁中央下方的主鋼筋配置不足的現象。

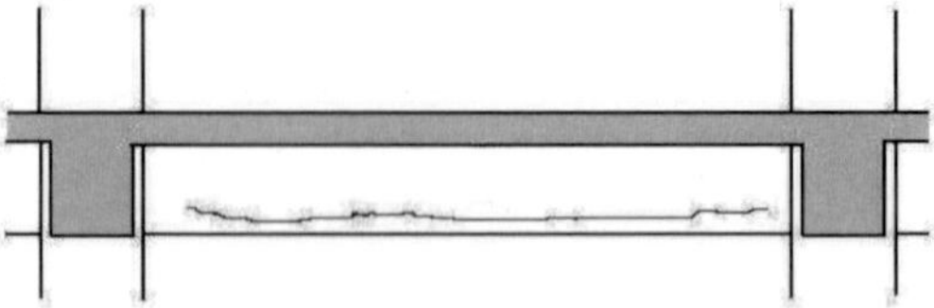

梁損壞現象六：
梁側下方或底部沿梁走向之裂縫

可能原因：
1. 施工不良
2. 混凝土含氯量過高
(俗稱海砂屋)

這絕大部分是梁主鋼筋生鏽造成的現象。

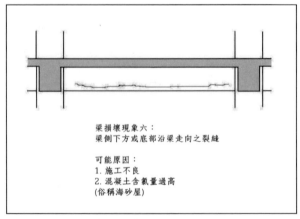

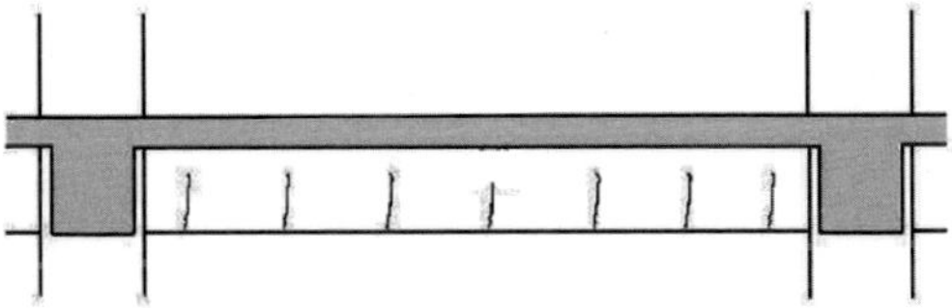

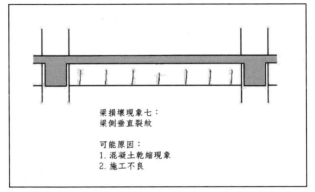

梁損壞現象七：
梁側垂直裂紋

可能原因：
1. 混凝土乾縮現象
2. 施工不良

最有可能的是灌注混凝土時偷加水，也有可能是為了省錢在混凝土配製時，用太多的爐石粉或飛灰取代水泥，或兩者都有。

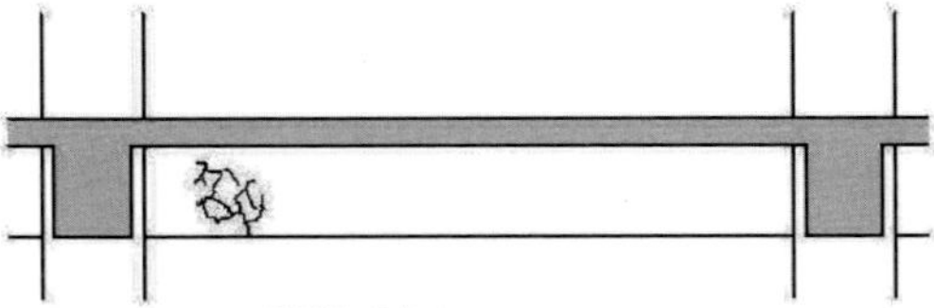

梁損壞現象八：
梁側或梁底不規則裂紋

可能原因：
表層水泥砂漿粉刷不良

這種裂縫不影響房屋結構安全性。

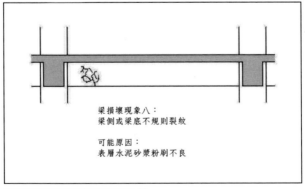

036

柱上裂縫代表什麼？

柱子是承載房屋的主要構件，對於柱的裂縫要特別注意。

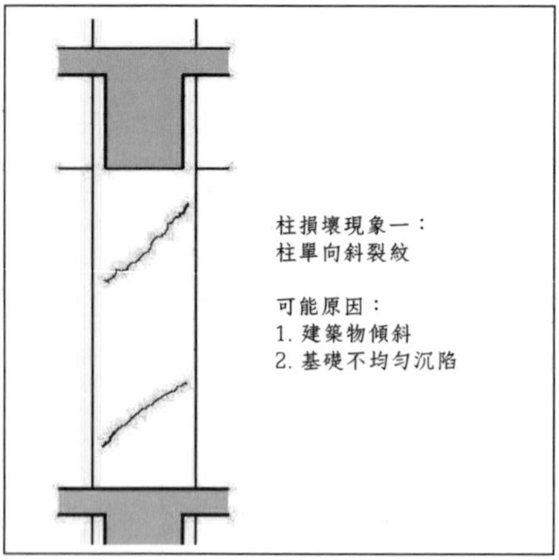
柱損壞現象一：
柱單向斜裂紋
可能原因：
1. 建築物傾斜
2. 基礎不均勻沉陷

這種現象通常是房屋傾斜造成的。

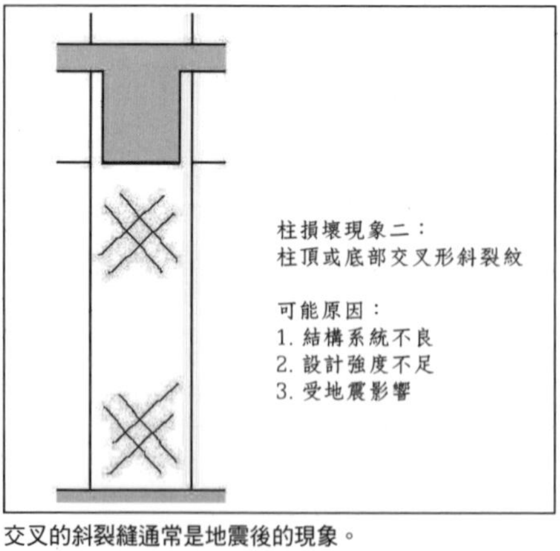
柱損壞現象二：
柱頂或底部交叉形斜裂紋
可能原因：
1. 結構系統不良
2. 設計強度不足
3. 受地震影響

交叉的斜裂縫通常是地震後的現象。

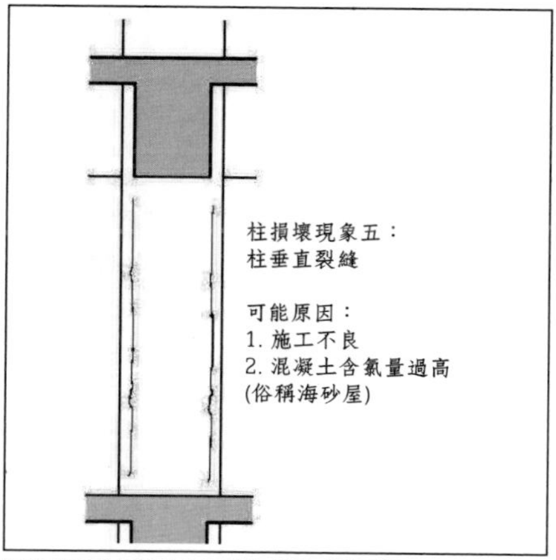
柱損壞現象五：
柱垂直裂縫
可能原因：
1. 施工不良
2. 混凝土含氯量過高
(俗稱海砂屋)

這絕大部分是柱的主鋼筋生鏽造成的裂縫。

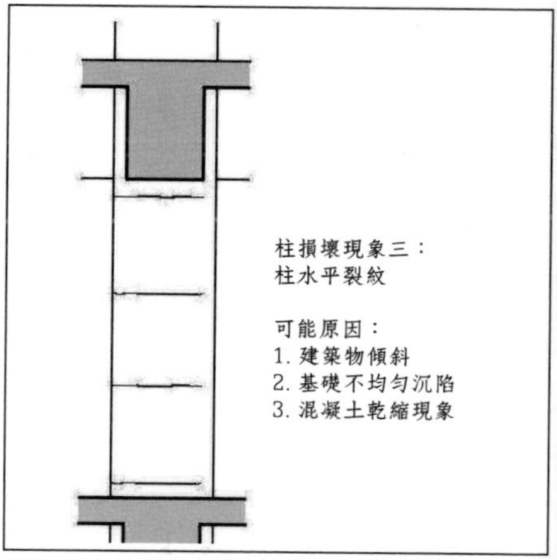
柱損壞現象三：
柱水平裂紋
可能原因：
1. 建築物傾斜
2. 基礎不均勻沉陷
3. 混凝土乾縮現象

最有可能是灌混凝土時偷加水，也有可能是混凝土配製時用太多的爐石粉或飛灰取代水泥，或兩者都有。

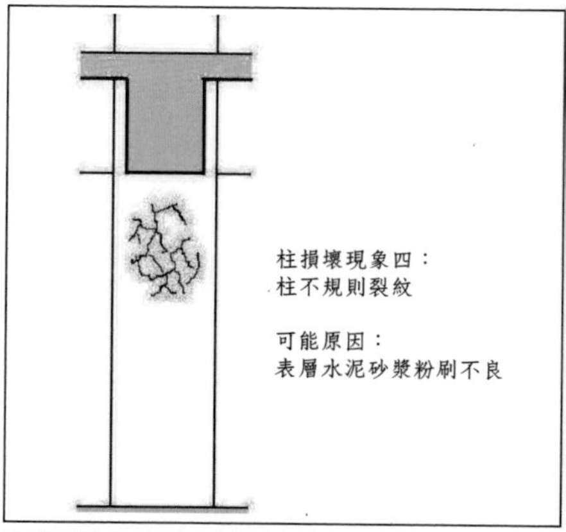
柱損壞現象四：
柱不規則裂紋
可能原因：
表層水泥砂漿粉刷不良

這種裂縫不影響房屋結構安全性。

037

樓板裂縫代表什麼？

一般樓板的裂縫對結構安全影響較小，背後隱藏的裂損原因反而比較重要。

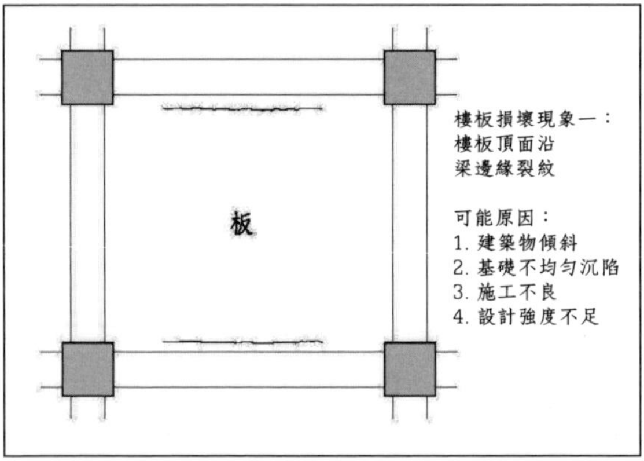
樓板損壞現象一：
樓板頂面沿
梁邊緣裂紋
可能原因：
1. 建築物傾斜
2. 基礎不均勻沉陷
3. 施工不良
4. 設計強度不足
板

這是荷重超過板的承載能力的現象。

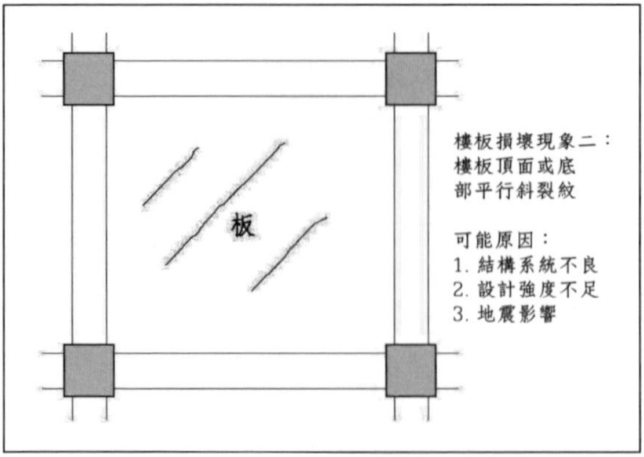
樓板損壞現象二：
樓板頂面或底
部平行斜裂紋
可能原因：
1. 結構系統不良
2. 設計強度不足
3. 地震影響
板

這通常是地震力透過板傳遞時造成的現象。

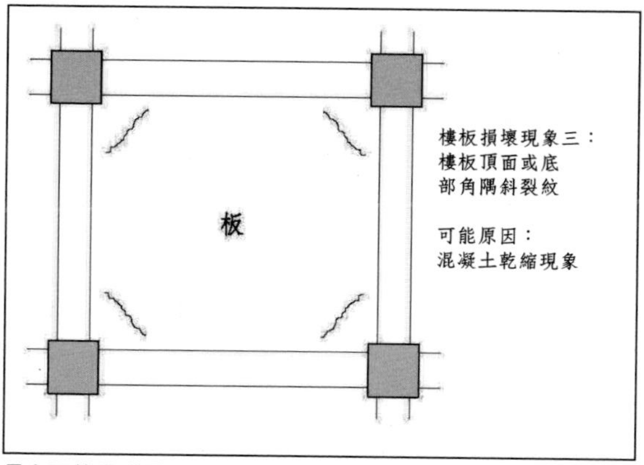
板
樓板損壞現象三：
樓板頂面或底
部角隅斜裂紋
可能原因：
混凝土乾縮現象

最有可能是灌混凝土時偷加水，也有可能是混凝土配製時用太多的爐石粉或飛灰取代水泥，或兩者都有。

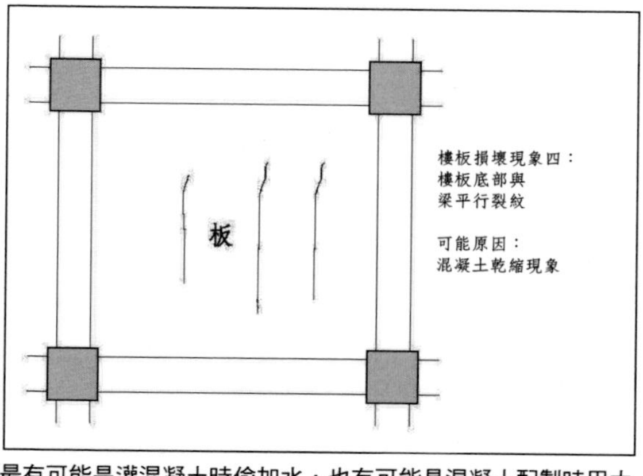
板
樓板損壞現象四：
樓板底部與
梁平行裂紋
可能原因：
混凝土乾縮現象

最有可能是灌混凝土時偷加水，也有可能是混凝土配製時用太多的爐石粉或飛灰取代水泥，或兩者都有。

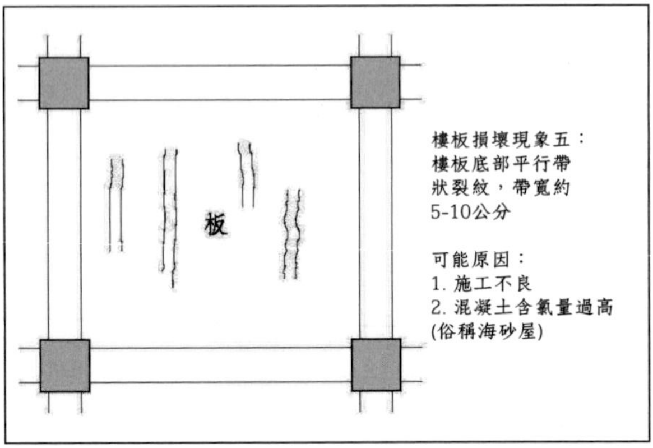
樓板損壞現象五：
樓板底部平行帶
狀裂紋，帶寬約
5-10公分
可能原因：
1. 施工不良
2. 混凝土含氯量過高
(俗稱海砂屋)
板

這房子90%以上是海砂屋。

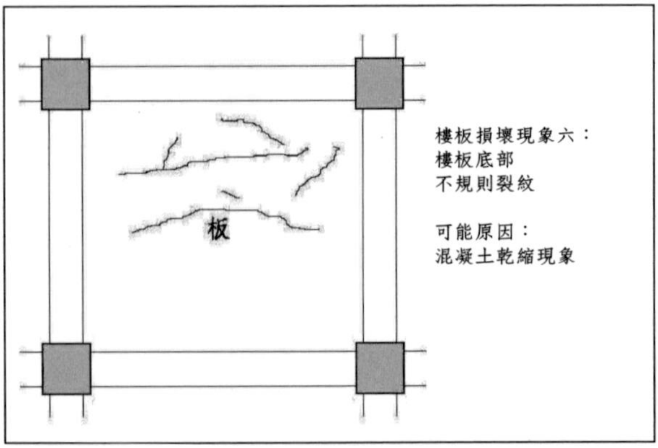
樓板損壞現象六：
樓板底部
不規則裂紋
可能原因：
混凝土乾縮現象
板

這通常是乾縮加上其他因素的後果。

038 水管「滴滴漏」，怎麼辦？

房子漏水的另一大主因，是屋內給水管、排水管出問題，包括污水或淨水系統、冷熱水管有毛病，最常發生在廚房、浴室、陽台等地方的淨水管與污水管破裂。這也是中古屋常見的買賣糾紛。

廚房流理台排廢水管、地板排水口，較容易阻塞，尤其是中古屋，管線上了年紀，生鏽或漏水的機率很大。浴室裡因為冷熱水交替使用，熱漲冷縮下，熱水管很容易破裂，再加上無數次地震造成的接頭損壞，二手屋的浴室多半逃不過「滴滴漏」的問題。

其次是浴缸。浴缸的模子雖然一體成型，不會有漏洞，但我們經常在浴缸進進出出、裝水放水，時日一久，浴缸一定會輕微變形，和牆壁之間的水泥接縫，就會裂開，水從此處滲進去，樓下將因此遭殃，浴缸外面的地板、牆壁，也因潮濕而色澤變深。一旦發現浴缸漏水，可以買一支矽槍和環氧樹脂（俗稱矽力康），先停止用水，讓浴缸保持乾燥，再把接縫處灰塵擦拭乾淨，然後沿著浴缸壁縫處進行黏合，花費不多，補漏效果卻相當不錯。

接著就是馬桶的問題。假使化糞池排汙水管原始設計不良，上下樓層住戶又喜歡把衛生紙丟進馬桶裡，馬桶就很容易阻塞，污水不但無法往下沖泄，可能還會向上冒。所以買屋參觀房子時，一定要「借個廁所」，使用一下馬桶設備，看看沖水時的水位正不正常。若沖水時水面上下浮動不已，表示馬桶輕微阻塞；沖水時「咕嚕咕嚕」，還會向上冒泡，不妙啊！這個馬桶非修不可了。

除非買的是獨門獨院的透天厝，否則修廁所非常麻煩，尤其是公寓。因為排泄物經汙水管到化糞池的通道，經過所有樓層，家家戶戶都有沖水馬桶，一戶冒「黃金」要修理，有時卻必須要各個樓層住戶都同意才行。

曾經有個案例，某甲買房進住後，發現天花板漏出惡臭怪水，找到源頭，才知道樓上住戶馬桶已經壞很久了，卻一直沒修理。他要求對方盡快處理，免得遺「臭」禍害鄰居，對方卻不想花這筆錢，兩家鬧起糾紛來。最後，新住戶實在受不了臭水滴漏，花錢幫樓上修馬桶消災了事。這種糾紛可不止一樁，所以買房子千萬別忽略勘查廁所馬桶死角。

039 哪種水管容易漏水？

不管是給水來源的淨水管，或是化糞池、排泄廚房浴室廢水、承載雨水所用的汙水管，最容易漏裂的管線，以壓力水管居多，如自來水管。因水有重力，管中水壓大，一旦漏水，不但量多，而且滴漏快速。汙水管則相反，常見的漏水多因接頭鬆脫或原始設計不良，裂漏時，量很少，滴的速度也緩慢。

水管會破裂，和材質有很大關係。品牌不同，水管強度、韌度相差十萬八千里。有些雜牌塑膠水管，裝設時很便宜，卻一敲就碎，而淨水管承受水壓強，使用不久一定破裂報廢。水管一般為了美觀，都是埋設在牆或梁、柱裡，漏裂要把混凝土打掉才能修理，花的錢更多。所以裝設水管寧可選貴一點的正牌貨，以免日後漏水麻煩。如南亞塑膠管，耐用、不容易破，在業界口碑很好，裝修房子時可以指定水電工匠使用，免得工匠為節省材料費，亂用雜牌管。

040

你住的房子喝的是哪種水管的水？

我曾接過一宗消費者申訴案，自家水龍頭會釋出致癌物，經鑑定才發現，熱水管竟然是電管！把塑膠電管當作熱水管來用，讓屋主全家喝進大量致癌水，等身體出狀況才察覺，這種施工草率的建設公司實在害人不淺。

所以，水管不止會漏水而已，裝哪種管，和你喝進去的水質更是大有關係。

老公寓普遍用鐵管，容易生鏽，水管會有異味異色；新成屋大部分用塑膠管，但是不適合用來裝熱水管，熱水高溫以銅管較好。其他材質如不鏽鋼管，雖然適合用來做熱水管，不會有生鏽污染水質的問題，但是延展性不佳，造價也貴，不太普遍。鉛管雖是所有材質中延展性最強的，但會釋放出含鉛物質，對人體有害。尤其是廚房熱水管，絕對不能用鉛管。

總之，裝設水管前，要盯緊！問明水管規格、材質、品牌、安裝路線，親眼看著工匠完工才能放心。

041 如何看出漏水屋？

「醫生怕治嗽，土水師怕抓漏」，買到會漏水的房子，真的很麻煩，所以功課要做好，以免「中獎」。

檢查中古屋有無結構性滲漏水時，最好的時機，便是下雨天過後，尤其是連日大雨更佳。看看房子的屋頂、地面、牆面，是否有漏水、滲水的水漬痕跡。

屋內若鋪PVC地磚（塑膠合成磚），片與片之間應該沒有縫隙，一旦滲水會剝離、滑動，曾經潮濕後再乾燥的結果，地磚接片處開始有縫隙，不可能密合了。若是櫸木、柚木等木質地板，滲水會使地板鼓凸起來，敲擊時有空心的聲音。大理石地板若是一片區域顏色深、一片區域顏色淺，表示色澤深的區域會漏水。

從牆壁檢查房子漏不漏水，更簡單了。假使油漆嚴重剝落，長出白色結晶粉末，磁磚接縫處潮濕，很有可能牆面有裂縫性漏水。尤其是壁角接縫處、曾改建增建的梁柱接縫、窗緣與水泥牆接合處……這些容易漏水的地方，要看仔細。

颱風或雨季過後看房子，發現屋內上上下下剛刷上一層新油漆，或是貼上新壁紙，有可能屋主在掩飾潮濕的痕跡，要當心。

042

「抓漏」有訣竅嗎？

想「抓漏」，先要判斷漏水源頭在哪裡。

聽聽看滴水聲，假使早也滴，晚也滴，聲音緩慢，很可能是汙水管出問題。若只有在晚上洗過澡後才見潮濕，那就是熱水管的毛病。滴漏速度快，一下子整片地板都變色了，那八成是自來水管有裂縫。不妨把冷、熱水源總開關分別關閉，再將所有水龍頭打開，把水放掉，然後聽聽看還有沒有滴水聲，大致就能抓到漏水的源頭了。

房子上了年紀，水管電線機能總會老化，抓到一個源頭，或許還有兩三個隱形的水管裂縫沒修補到，房子照樣漏水，所以常常會「考倒師傅」。現在買賣房子透過仲介制度，一般房仲公司雖訂有「漏水保固條款」，交屋後六個月內的漏水問題，有十到三十萬不等的修繕保障，但是，「看得到，吃不到」，各家條款都訂的煩瑣嚴苛，還不如「預防重於治療」，和漏水屋敬而遠之。

在此有個小小建議：當你買下二手殼，或房子住了一段時間之後，一定要準備一筆「換管線」的預算，這比打點裝潢更重要。埋在牆內的舊管可以全部廢棄不用，趁鋪新地磚時，另作明管。直接從屋外陽台接水管進屋內，沿著屋內暗角鋪管，不僅維修方便，漏不漏水一目瞭然，而且裝設費用比埋設暗管便宜。也許有人會嫌水管鋪設在屋內不雅觀，其實只要鋪地磚時先預留明管路線，稍做設計美化，水管也能融入室內造景的一環。

043 怎樣評估中古屋值多少錢？

人若保養得當，明明年紀一大把，看起來和小夥子沒兩樣；房子也是一樣，屋齡十幾年，卻像剛蓋好七、八年而已；有些房屋屋主出具的權狀登記只有兩三年，外觀看上去倒像已經使用了十年。挑中古屋要看門道，別被外表騙了。我們要如何從屋貌判斷中古屋價位合不合理呢？

撇開地段因素不談，純就房屋本身屋況來談，檢測中古屋的三大重點：建築物立面是否傾斜？梁柱牆樓板有無裂縫？屋內外有無滲漏水痕跡？答案若皆為否定，別管裝潢好不好看，這是值得買下來的房子。

再來看房子的折舊。一棟房子包含兩個價格：土地和房子（即地上物）。房子會隨年齡折舊，土地卻會因地段而漲跌。在會計制度中，鋼筋混凝土造建築物的折舊期，以五十五年作單位，每年折價五十六分之一；換句話說，房子的價值，每年損失總價的五十六分之一，而且可以抵稅，直到屋齡第五十六年之後，房子價值就只剩下總價的五十六分之一了。

假使某人花六百萬元買房子開設公司，每年就可以報折舊費十多萬元，當成公司開銷以減輕稅負，直到屋齡第五十五年為止。所以一棟結構良好的鋼筋混凝土房子，雖然能住一百年沒問題，但屋齡五十年左右會開始老化，且歷經多次地震考驗、附近道路施工、鄰房改建等建設工程的影響，難免讓結構受損，超過五十歲的房子都該改建才安全，這也符合都市更新計畫的精神。買中古屋一定要有折舊觀念，因為屋齡會影響屋價，和紅酒不同，老房子並不是越陳越香越值錢，只有土地才是。

替中古屋估價，屋齡長的，一定比屋齡短的便宜，樓層低的比樓層高的便宜。只有一點例外：從未使用過的新成屋，未必比屋況良好的十年老屋貴。因為台灣氣候潮濕，沒人住過的房子，從未整理維護，濕度高，許多設備容易損壞，而且壞的速度比有人住的房屋還快，牆壁油漆也會剝落，水電管路容易生鏽，房間壁紙的角落會脫落翹起，或許連化糞池都壞掉阻塞。買房子時，寧可考慮有人住了五、六年的二手屋，也不要選擇蓋好五、六年都沒人住的新成屋。

你不信？不妨試著去參觀蓋好三、四年都沒交屋的新房子，室內肯定比室外還濕冷。尤其現在推案率高，全省空屋比率也高，如果你買到的新屋曾被不良分子利用，作為吸毒、聚會場所，後患無窮。

現在資訊發達，看準某一區塊生活機能適合定居，有意購屋時，可以上網先查附近屋價，或到同區域內，以買方姿態多找幾家不同的仲介公司打探屋價情報，別忘了，還要在屋主約定時間以外，「突擊」式地參觀房子，大雨過後更好。總之，多看多聽多比較，功課是一定要做的啦！

044 房屋造價知多少？

現在房市正夯，一個建案推出，每坪動輒三、四十萬，更別提號稱「豪宅」規格的賣價了，「億」來「億」去的天價，豈是你我小市民買得起？但是，你可知道房子的原始造價？說出來保證你嚇一跳！

以五層樓鋼筋混凝土造的公寓為例，建設公司每坪造價成本約七萬多；五樓以上、十二樓以下的樓房，每坪約六到九萬。十三樓以上，就從十萬起跳了。大樓比公寓造價高一點，而十七樓以上則超過十一萬。由此你可發現：樓層越高，造價越貴。因為結構體的設計、材料開銷、施工難度等費用都相對增加。

例如蓋五樓公寓的柱子，只要用三〇×五〇公分的斷面尺寸即可，蓋大樓卻要用八〇×八〇的尺寸以上，坪數造價當然較貴。如果再開挖地下室，地下開挖愈多層，造價愈貴。還有建材不同，費用也不一樣。好比鋼骨大樓造價，就比鋼筋混凝土大樓高，十二樓以下，每坪貴一萬左右；十二樓以上，每坪造價要十三萬。因此鋼骨構造的建築物，多半用在二十樓以上，二十樓以下划不來。但是，鋼骨建材一定比鋼筋混凝土造的樓房「勇」嗎？

不見得喔！以下會有篇章特別來談這個問題。

看到這裡，是否有感覺，預售屋的開價，明顯和房屋造價有段大距離？難怪連中央銀行總裁彭淮南都得「扮」成買家，到大台北地區各建案探詢房價，才能瞭解房屋「開」價和「成交」價有何差距。從造價、開價、到成交價，買賣資訊的不透明化，助長了房地產的炒作空間，所以地價越飆越高。如果你有一塊地，找合格、有信譽的營造廠自地自建，保證「便宜又大碗」啦！

第三篇

買房子除了看地段，還要選地質

高速公路瞬間走山，邊坡住宅安全性再度受到重視，這都和地質脫不了關係。別輕忽大地反撲的力量，以下告訴您將房子蓋在安全的地質上。

045

選房子挑地段，還要挑「地」質？

房子蓋在土地上，基地土壤地質的好壞，當然會影響建築物結構的強弱；地段固然重要，地質安全更不能忽略。為什麼呢？

除非基地土壤地質非常堅實，每棟房子蓋好後，並非屹立不動，一定會開始往地下沉陷，好比橡皮受壓會收縮的道理一樣，屬於自然現象，約五年後才逐漸達穩定狀態。若蓋在地層軟弱的地方，房屋下陷的幅度就大，反之則小。當大考驗——地震來臨時，位處軟弱地層上的房屋，處境勢必比堅硬地層上的更危險，倒塌機率相對增高。尤其地震一年比一年多，不可不防。多瞭解「地下物」——房屋所在地的地質好壞，能降低被大地震震垮的風險。

046 全台哪些地方地質軟弱？

按台灣本島北、中、南部粗略畫分，都會區當中以台中地質最佳，高雄次之，台北盆地最差。

台北盆地是由淡水河、基隆河、新店溪三條河川沖積而成的，就地質結構而言，屬沉泥層、砂層、黏土層互相交錯、重疊而成。其土壤特色是含水、砂、粉土和黏土質為主，是屬於比較軟弱、易受擾動影響的地質特徵。所以台北市區很多大樓在興建時，常因工地開挖，造成附近民房龜裂下陷，甚至地面出現大坑洞的案例。

土壤最軟弱的區域，集中在信義計畫區、南京東路五段、基隆河（士林段）新生地、北投區公館路沿線……，通常在沖積平原越靠近河邊的地方，地質越不好，在這些地質敏感區域蓋大型建設或高樓，都要擔負較高的工程風險。一旦發生地震，房子承受的地震力勢必比別區大。住在這一帶的人，假如附近在施工改建，自己的房子也比較容易受波及。北市政府特別規定，凡在上述地區開挖地下十二公尺、或地下三層的建築物，統統視為特殊結構，須經特別審查單位審查後才准核發建築執照，可見其地質之軟弱難測。

高雄市的地質屬於砂質地層，而且不是緊密的砂層、透水性高，地下水又豐富，再再提高了施工的困難度。高雄捷運施工就發生了多次事故，造成很多房子裂損、嚴重傾斜，這些都是地質因素引起的。

台北市只有靠新店溪兩側是例外，不需開挖很深，就會遇到堅硬的卵礫石層，遭遇震災時，損害會降低。但有個缺點，就是地下水位很高，地下室較易潮濕。還有一個狀況：卵礫石層分布並不平均，房子若正好位在卵礫石層和軟弱土層的交接邊緣，即使只相差一公里，情況卻是所有土質中最慘的。當地震來臨時，地震波和湖泊波紋一樣，湖心很平靜，愈靠湖岸，波紋漸漸擴大，到岸邊浪的波動形成反射波，漣漪更加放大。愈靠近盆地邊緣或卵礫石層邊緣的房子，所受到的震力愈大，其後果不言可喻。

內湖地區也是如此。地質有許多堅硬的岩盤，算很不錯，但岩盤卻是高高低低參差錯落，並不整齊。萬一房屋一半蓋在堅硬的岩盤上，另一半蓋在軟弱的土層上，那比全部都蓋在軟弱土層上的房子還要糟糕，因為沉陷量不均勻，可能房子蓋好沒多久，就房屋傾斜、牆壁裂開啦！

047

擇「地」質而居，哪裡較好？

以台北來說，台北盆地以外、附近的小山坡地帶，基礎土壤比盆地內好，例如天母。但是要留意山的走勢是平緩或陡峭。如果房屋蓋的一棟比一棟高，顯示建物高度相差甚多，地基一定很陡，一旦雨季來臨，遇上颱風暴雨，恐怕有塌陷之虞。

三峽曾有個案例，建商用「回填土」蓋屋，也就是把房屋地基附近高處的土壤挖掉，拿來填充低處當地基，再用人工填土的方法把房子蓋起來，但是當地下水位上升時，房屋地基整塊滑動，一片社區有一半都塌陷了。

還有一種情況是擋土牆做得很高，再加上許多「蛇籠」——也就是把鐵絲編織成網捲成條狀，裡面再裝上石頭，一條一條疊起來的擋土物。山坡上的預售屋或二手屋若基地鄰近有類似裝備，有可能房子的地基不太穩固。

如果沒有上述情況，且山勢緩和、交通方便，台北盆地附近山坡的地質會比盆地內的精華區好，價位相對便宜，自住、投資兩相宜。

台北盆地以外的地區，像桃園、新竹、台中一帶，皆屬於卵礫石層，地盤堅硬，嘉南平原則是砂土質地層，土質強度都遠比台北市佳，尤其是台中，地質強度居全省之冠。但是台中建商搶建風氣太盛，許多建築物根本沒有好好做結構設計或施工，削價競爭的情況又很嚴重，在賺錢第一的心態下，不少建商寧可省略結構設計的開銷，而且每次設計使用材料用量很省的設計者更是討人喜歡，以致房屋品質良莠不齊。所以想在台中買房子住，一定要選擇信譽優良的建設公司，房屋抗震能力才有保障。

048

哪裡是「順向坡」山邊住宅？

有一種靠山邊住宅要特別注意，八、九〇年代很流行，號稱景觀佳、視野棒，建商大肆在山坡地開發建案，規畫大型社區，好比新北市的汐止、文山、新店、南港、及南投中寮等山坡地一帶。但若這些房子是蓋在「順向坡」上，要有高度警覺性。

十三年前，轟動全國的林肯大郡塌陷，還記得嗎？冤死了二十八條人命，多少家庭破碎，正因為房子蓋在汐止山邊的順向邊坡，整片削山、填土，地質岩層又遭暴雨滲透，擋土牆坍方，與滑落的擋土牆相較，房子簡直比豆腐還要脆弱。

林肯大郡倒塌後，政府明文禁止開發順向坡住宅，並列管了三百多處山坡住宅，行政院公共工程委員會「山坡地安全諮詢小組」，曾於十幾年前公布了十七處「必須立即處理的潛在危險」的山坡社區，其中不乏知名建商開發的「豪宅」社區，好比北市文山區的老爺山莊、力霸帝景、信義區內的挹翠山莊祥雲路一帶、北縣新店市的花園新城、台北小城……。隔年，新北市政府工務局針對縣內二十三個山坡地社區做體檢報告，也公布了十個安全堪虞的危險社區，例如汐止的綠野山坡、國王山莊、孝友別墅；新店的綠野香波、觀天下、碧瑤社區、大地世紀；中和的潑墨山莊等等。（請參閱第五十六期技師報）

每一次的清查公布結果，總會引來建商和住戶的大反彈，抗議政府影響地價及房價，損及他們的權益，所以政府學乖了，只告訴你有「幾個危險地區」，卻不說是「哪裡」危險。今年國道大走山後，內政部全面清查全台四八〇個山坡地社區，結果列於A級需限期改善的危險社區共十八處，新北市最多，有九處；台中市三處；桃園縣兩處；基隆、新竹、苗栗各一處，但是仍舊不公開社區名稱及地址，除非你是具有「絕對關係人」資格的社區居民，才可向營建署查詢（請上內政部營建署網站公布的各縣市專線電話）。

不過為了避免買賣雙方資訊不對稱，最新版的成屋買賣定型化契約已規定，山坡地住宅的屋主，必須出具「安全維護資料」給買方，等於將山坡地住宅買賣的規格比照海砂屋、輻射屋及兇宅來辦理了。

假使你就是喜歡面山靠海、對山坡社區情有獨鍾，想進一步瞭解附近有沒有順向坡或危險地形，不妨上中央地質調查所網站查詢，鍵入所在位置行政區（如北市大同區），會顯示出附近的地質狀況。若對特定住宅社區有興趣，直接向社區管委會查詢相關資料，最快速確實。

049

我家住在「順向坡」山邊社區，怎麼辦？

如果不幸已住在這些危險社區，或家在山坡邊，怎麼辦？別慌！教你辨識及自保之道。

內政部營建署編製的「坡地社區安全居住手冊」，教大家從蛛絲馬跡檢測山坡社區的安全性，可從「環境」、「大地」、「建築物」三方面來觀察：首先，住家環境是否位在陡坡上？尤其是山坡或邊坡下緣？依建築技術規則規定，理想的山坡地房子，最好蓋在坡度二十度以下的緩坡上，以任一二五公尺×二五公尺的大小範圍內，平均坡度在五五％以上就算陡坡，超過六十％則易崩塌。平常要經常看看坡面或路面，有沒有成群成組且方向一致的長裂縫？路邊的電線桿、行道樹，有沒有歪倒傾斜？這些現象都是警訊，代表地層可能滑動或地底已經掏空，要填補以防滲水軟化土壤。

再來，凡是坡地住宅，一定都有擋土牆、地錨、滯洪池（可將山洪變為細流）、排水溝等設計，它們的變化要細心觀察。你家牆壁後面就是高高的擋土牆？危險喔！擋土牆最少要和房屋距離其本身高度一半才安全，而且也不能太高，四公尺以下最適宜，六公尺以上就太高，良好的山坡地工程規畫，會採取分段分階設計，以減少每一階的高度。擋土牆背面的土壤坡度若超過六十%也不行，太陡峭。

擋土牆是坡地社區的第一道安全防線，隨時看看：有沒有不正常出水現象？有沒有裂縫或外凸變形？牆腳或坡腳有沒有落石？尤其當擋土牆有大裂縫時，表示承受壓力已經超過原設計的抵抗強度了，要請專業技師鑑定才保險。

地錨也很重要。林肯大郡崩塌後調查發現，地錨早已銹蝕了。所以地錨錨頭有沒有裂開或剝離？甚至腐蝕生鏽？這些都是觀察重點，有可能邊坡滑動、或設計不良，代表錨頭逐漸失去應有設計標準，被拉斷的可能性大增。

山坡地社區一定要有滯洪池、沉砂池、公共排水溝的設計。因為土壤坡面難免受地表雨水沖刷而帶走泥沙，這些設計可以蓄存、截留、排泄掉超額雨水，尤其是颱風季節，更可保護社區免受洪災之苦。滯洪池的大小、數量夠不夠？平常有沒有淨空？如果不去維護它們，老是堆積泥沙或垃圾，暴雨一來就慘了。排水溝則是最容易看的地方，每天經過都要多看兩眼：有沒有龜裂？排水量正不正常？量太大或太少都可能滲水，會掏空、軟化土壤，不是好現象。

最後，來看看房屋本身變化。緊貼著擋土牆的牆壁或地下室地板，有沒有滲水發霉？角落有沒有裂縫或浮凸起來的痕跡？外牆磁磚或粉刷層，有沒有剝落？家裡門窗有沒有變形，或沒辦法開關？房屋梁柱有沒有非常明顯的開口長裂縫？家裡的隔間牆，有沒有斜裂縫？房屋水塔的進水量與水壓，穩不穩定？水費有沒有暴增？房子周圍的排水溝與建物間的距離有沒有落差或裂開？房子有沒有傾斜？別小看了這些問題，只要有答案是肯定的，或許是基礎掏空、土壤下陷、地層滑動、沉陷不均……，反正社區危險啦！

其實，「順向坡」的房子不是洪水猛獸，只要針對地質特性好好規畫設計，避免在傾斜的坡腳開挖工程，做好排水，並定期監測維護，也會有好房子存在。好比嘉義的中正大學，位在梅山斷層帶上，但校內所有建築物都提高抗震強度，危險地帶維持綠地未開發，就是很好的作法。所以買山坡建築，別光看山明水秀、空氣新鮮，要看建商以往的建案品質，順便要地質圖，這比較重要啦！

050

地層下陷，危不危險？

最近有個大新聞：才通車三年的台灣高鐵，雲林段連續六公里墩柱明顯沉陷，已達數十公分，嚴重危及高鐵的行車安全。這又是一個因地質特性而衍生問題的工程實例，因為台灣西南沿岸都市沉陷的問題，早已不是新聞。

除了地震、地殼變動、火山爆發等自然因素以外，地層會下陷的原因不外乎：一、地下水超量使用；二、地面構造物興建，新生填土，地層荷重增加，造成沉陷；三、深基礎開挖，土壤移動產生地面下陷。台灣南部，尤其是西南等地的「陸沉」，超抽地下水就是主要原因，這次出問題的高鐵雲林路段，一直沒有水庫，長期面臨缺水問題，居民抽地下水使用是常態，光是高鐵跨越台七十八線上下左右各壹點五公里的範圍內，就有一千多口地下水井！

地表原本靠著地層中的水與岩石顆粒共同承擔荷重，水分子有壓力會撐起土壤，一旦被抽走，土壤顆粒間的水分不見了，減少了水的浮力，只剩下岩石顆粒單獨承擔重量，土壤結構孔隙隨之壓縮變小，結果就是我們現在看見的地層下陷。而且地層下陷後的區域，再也難以復原了。

曾在國片裡看過這個景象：祖墳泡在水裡、大家捲褲管吃飯，因為水淹到膝蓋高……，一到颱風季節加上海水倒灌，一樓店面變成地下室，到處汪洋一片，這是令人痛心的畫面，卻真實在南台灣上演。

雲林並不是下陷最嚴重的，卻因為高鐵通過，提高了能見度，讓政府正視國土規畫利用的危機。根據水利署統計，全台嚴重下陷區域，有：彰化縣大城鄉、雲林縣麥寮、台西、土庫、口湖、四湖、水林、元長等鄉鎮、嘉義縣東石、布袋、台南縣學甲鎮、屏東縣東港、林邊、佳冬、枋寮等鄉鎮。雖然彰化、雲林、嘉義等地的下陷速率有減緩趨勢，但是仍以每年三．八公分的速率「陸沉」中。若到這些地方，會看到房子「墊」得很高，遠遠超過地平面，尤其是屏東沿海地區，從林邊經佳冬至枋寮一帶。所以在西南沿海城鎮置屋，地層下陷的問題要多多考量。

051 地質解讀不重要？

二十一年前，韓國當時著名的三豐百貨公司，地下四樓、地上五樓的大型建築物，居然在一瞬間夷為平地，活生生將正在快樂購物的顧客埋在土堆下，造成一百多人死亡，九百人輕重傷，三百餘人失蹤的公共慘劇，震驚了全世界。為什麼？正因為當地地質鬆軟，原建築只規畫蓋四層，中途卻變更為五層，地基又沒有補強，建物不堪負荷而整個垮掉。

我們林肯大郡不也是如此嗎？在山邊順向坡大肆開挖大型社區，又沒有好好做檔土設施，怎麼擋得住大地岩層移動的拉力呢？

恐怖的國道三號山崩，高速公路竟然「走山」！經過的開車族只有死路一條。因為現場從七堵到基隆一帶，地質屬於砂頁岩，北面五指山，南面基隆河，西北高東南低，通通是順向坡，挖斷「坡腳」來施工，假設沒有做好岩錨、地錨、擋土牆、排水溝等工程，持續監測、維護，恐怕我們開車經過北二高都要念阿彌陀佛。

為了節省工程經費，疏忽對地質環境進行解讀，就來開挖蓋房子、做建設，在我看來好比慢性自殺——即使目前看起來美輪美奐，大地一旦反撲，都是大災難。

細數每天全省地下開挖的工程，大大小小加起來，總該有超過百件正在進行當中，可是有哪幾件曾確確實實做過地質鑽探、地質分布研判等大地工程的研究呢？總是要等到出事了，再來「看著辦」。

就以捷運開挖工程來說吧！傳出多少災害事故？八十三年台北捷運新店線二二一標開挖，導致林口社區一百六十八戶民宅傾斜成危樓；隔年鄭州路地下街塌陷成一個大黑洞；幾年前高雄捷運開挖西子灣站多次崩塌，緊鄰住宅下陷至需要連夜拆除，道路龜裂……，更別提民間建設公司曾造成的民房損害了。這都和輕忽地質特性、貿然開挖脫不了干係。

林肯大郡塌陷後，政府曾催生「地質法」，規定地質敏感區域必須公告，隨時可能崩塌的順向坡、活動斷層帶周圍要強制曝光，且建商要在這些「敏感地質區」蓋房子，必須委託第三方作地質調查，經政府委員會審查後，才能取得建造。這是何等德政！保障了人民的生命安全。九十三年一度三讀通過，卻被一些「利」委復議否決了。直到九十九年北二高走山意外造成四人死亡，大家又開始關心地質問題，終於，「地質法」立法有望啦！據說立法院本會期將優先審查。林肯大郡和北二高七堵災變現場，距離不過五點五公里，這條立法路卻走了十五年！預祝「地質法」立法成功，讓犧牲的人命有代價。

所以，地質真的很重要，不管是要購買預售屋或中古屋，都要買建商曾延請大地技師，先進行地質鑽探和地層研判、再規畫設計的案子。

第四篇

小心地震！

九二一大地震帶來的傷害，大家餘悸猶存。您住的房子會不會在地震中倒塌？以下為您解答。

052 大地震隨時可能發生？

地震！地震！地震！二〇一〇年才過了四個月，全世界已發生好幾起芮氏規模七以上的大地震：

一月十二日，海地發生規模七地震，全國幾乎被夷為平地，死亡人數超過二十萬；二月二十七日，智利地牛翻身，地震規模達八點八，死亡人數近五百人，二百萬人無家可歸；四月五日，美國、墨西哥邊界天搖地動，包括加州、拉斯維加斯、鳳凰城等地二千萬人，都強烈感受到這個規模七點二的淺層地震，而此處斷層帶已經一百多年沒發生過地震了。緊接著隔天，印尼蘇門達臘發生規模七點七地震，並引發海嘯；十一日，我國盟邦索羅門群島也發生規模七點一地震；十四日，大陸青海玉樹七點一強震，當地八成五屋舍全倒，死亡近千人，災區幾乎被夷為平地……。在台灣，連很少發生地震的南台灣，九十九年開春不久，在高雄甲仙竟地牛大翻身，嘉義、台南民眾都被嚇壞了，認為是高雄難得一見的「百年大震」。

以前每隔數年、甚至數十年才會發生大地震的觀念，如今完全被推翻了。地震一個接著一個，一次比一次強，全球各地專家學者不斷提出警告，氣候暖化，地殼變動劇烈，許多地區都進入地震活躍期，包括台灣。

根據中央氣象局觀測資料顯示，九二一大地震後，台灣有十年都處於地震平靜期，九十九年至二月止，規模四以上地震共三十五個，規模四到五有二十七個，五到六有八個，和以往一年平均出現二十六個的頻率相比，明顯偏多，表示地震頻繁期回來了，民眾怎能不提高警覺？

地震不像颱風、颶風可以準確預報，一旦發生，天搖地動，山崩地裂，路陷樓塌，橋斷屋倒，展現大自然摧枯拉朽的神力，賣座電影《二〇一二》中猶如地球末日般的崩塌畫面，正是大地震來臨時的慘烈場面。民國八十四年日本發生阪神大地震，芮氏規模七點二，五千多人死亡，十萬多棟房屋倒塌，當時我曾經預言，台灣和日本同處一條環太平洋地震帶，且台灣嘉南地區的大地震週期自五十三年白河大地震後未再有過地震，梅山斷層、觸口斷層、興化斷層，在菲律賓板塊、歐亞板塊擠壓下不斷變形，蓄積能量，十年內必有大地震發生（詳見八十五年出版拙作《老屋塑身》）。果不其然被我言中，八八年南投集集大地震，二千多人死亡，傷感的九二一，是所有台灣人的痛，殷鑒不遠，大家要小心！

053 台灣哪裡是強震區？

台灣位於菲律賓海板塊、歐亞大陸板塊交接處，屬於環太平洋地震帶的一環，地震活動本來就非常頻繁，根據中央氣象局自一九九四年以來的統計，台灣每年平均有一千個以上的有感地震，規模六以上地震平均約一四〇天一次，規模七以上地震約十年一次。算一算，九二一大地震已經過了十一年，是不是應該提高警覺了呢?!

台灣地震帶有兩條主線，一條是西部地區，由新竹、苗栗沿線南下嘉義、台南；一條是東部地帶，從宜蘭、花蓮南下成功、大武。雖然，東部是台灣地震發生最頻繁的地區，宜蘭、花蓮一帶，又是沖繩海槽擴張帶及板塊碰撞隱沒處，地震成因複雜，但因震源多數在海底，受創不致太大。但是，西部就不同了。沿線的地盤淺，自台北南方經台中、嘉義至台南，寬度約八十公里，震源很淺，只有十餘公里，屬於「淺層地震區」，當板塊運動時所釋放出的巨大能量，會像水波般快速傳播開來，震波相當強大，再加上都市人口集中、房屋密度又高，若東西部同時發生規模相同的地震，只怕西部受災程度將遠比東部更嚴重。

還有一種情況是：震央區沒啥大礙，受災區反倒在別處。好比民國七十五年，花蓮外海發生規模六點八強震，宜蘭震度六級，花蓮和台北都是五級，災區在哪呢？新北市中和的華陽市場倒塌了，宜蘭反而沒事。這一點都不奇怪，地震波所引起的地震動，在不同的地質、地盤會引起不同的反應，尤其是台北地區，屬於盆地地形，特別容易對某些週期的地震波產生放大效應，若房屋結構有缺陷，這下慘了，逃不過地震的考驗。所以，別心存僥倖，認為東部有地震，干西部何事？大家都是生命共同體啊！

地震發生時，因地表震動導致建築物擺動，這時影響建築物擺動強度的因素，除了地表震動力量的大小之外，還有地盤特性、近斷層效應及建築物結構特徵（如構造種類、週期、結構系統等），都會影響房屋受震強度。因為每一個地方發生地震的機率與強度不同，政府根據以往各地發生地震的機率與強度的歷史紀錄，應用統計學的方法，推算訂定出各地區房屋的設計地震力。以下是內政部九十三年頒布的「建築物耐震設計規範及解說」全國各地受震強弱的分布圖，供讀者參考：

各種震區蓋房屋，依現行法律還有不同的規定，例如在震災後須負起善後機能的公共建築，或本身儲存多量危險物品的單位，如消防、警務、電信公務機關、醫院、衛生所、發電廠、自來水廠、瓦斯石油儲存廠等等，則有更嚴格的建築物結構設計規定。

基本上，在強震區蓋房子，結構體造價比較貴，若在中度震區蓋房子，結構體造價可減少一些，弱震區更少，可能只需花強震區八成左右的開銷，等於打八折啦。

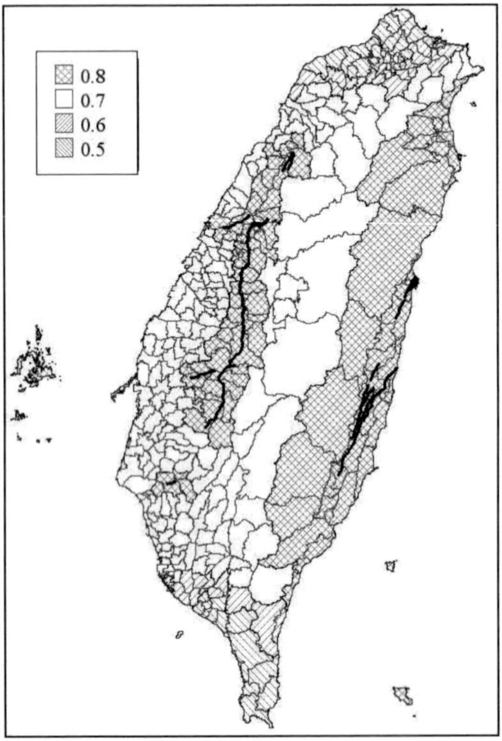

054 多強的地震對房子有殺傷力？

地震強度有兩種衡量方式，一種稱為「芮氏地震規模」，以地震釋放出來的「能量」大小來計算地震規模，規模愈大，地震釋放出來的能量愈大，災害就更可觀。其規模只要相差一級，能量就相差約三十倍，相當嚇人。

另一種則是國內現行的「地震級數」，指的是地表震動的強度，以「加速度」為計算的單位。這個「加速度」就是我們國中物理學公式F＝ma，裡面的"a"，公式的意思是：力量＝質量×加速度。

這兩者怎麼區分呢？舉個例子來說，九十九年三月四日的高雄甲仙地震，中央氣象局的地震報告類如下圖：

圖中芮氏地震規模六．三，代表這次地震釋放出來的總能量，一次地震只有一個規模；但是甲仙地震造成全省各地的地震動，每個地方震動強度都不一樣，如圖所示台北、花蓮、新竹、台中、台南、屏東各地區地震級數都不盡相同，所以發生一次地震有好幾種地震級數。因此各地受震波影響，導致地面震動的程度，會因距離震央位置的不同而互異，便可據以分級。其分級情況，依據中央氣象局地震震度分級表如下：（1 gal＝1 cm/sec/sec 加速度

單位）

零級——地動加速度0.8 gal以下，人無感覺。

一級——微震，地動加速度0.8 gal至2.5 gal，人靜止時可感覺微小搖晃。

二級——輕震，地動加速度2.5 gal至8.0 gal，電燈等懸掛物會搖晃。

三級——弱震，地動加速度8.0 gal至25 gal，房屋震動，門窗發出搖擺聲音。

四級——中震，地動加速度25 gal至80 gal，睡眠中的人會驚醒，房屋搖動劇烈，物品傾倒，可能有輕微災害。

五級——強震，地動加速度80 gal至250 gal，大多數人會驚嚇恐慌，牆壁產生裂痕，重家具翻倒。

六級——烈震，地動加速度250 gal至400 gal，搖晃劇烈，站立困難，建築物受損，門窗扭曲變形。

七級——劇震，地動加速度400 gal以上，部分建築物倒塌，山崩地裂。

法規規定設計房屋能抵抗的地震強度大小，視房屋是否接近斷層、用途、地盤特性而定，這個設計強度最少應能抵抗五級地震（不是地震規模），有些達到六級，甚至有七級以上的設計強度。一般來說，房屋結構系統好、結構體對稱，有良好耐震設計，高品質的施工，六級以下地震應該都還挺得住。

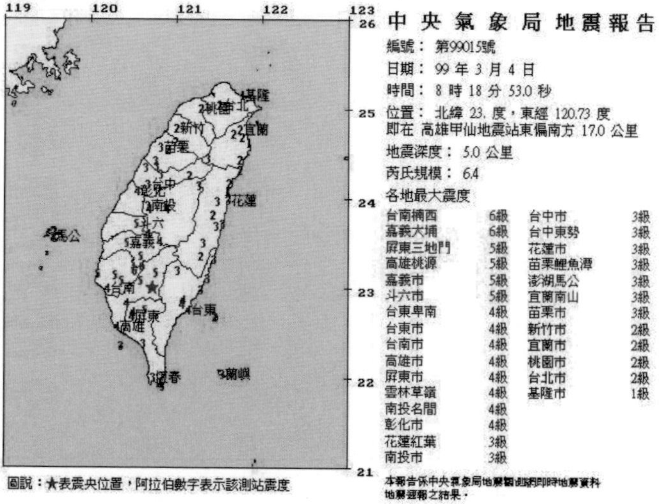

上圖摘錄自國家地震中心網站

055 大地震住高樓還是平房安全？

當天搖地動，四周環境開始像粉塵般塌陷時，真正能保護你的，或許就是你所處的結構物——房子。大地震時，住在高樓安全，還是平房安全？

這個問題牽涉到地盤特性和共振現象，並沒有絕對的答案。因為每棟房屋蓋好後，都有自然的振動週期，地盤也一樣。房屋越高週期越長，地盤越軟弱週期也越長，萬一兩種週期接近，地震時會有共振的現象，房子就容易受到損害。

一般來講，低層房屋在地震時會引致較大的地震力，而且越是堅硬的地盤，低樓層房子受的力越大。以台北盆地為例，對地震極易產生共振現象，和地震週期接近的房子，大概是在八層到十六層左右，換句話說，蓋在台北高達八層到十六層的房子，最容易受震撼搖晃。

即使在相同地區，不同的地震來襲，表現不見得一樣，譬如說九二一地震和三三一地震嚴重損壞的房子所在的區域就不盡相同。但若地基穩固，樓層面積廣大，受影響較小。萬一一層只有一戶，而且細細長長，像竹竿一樣，房子構架的跨數很少，耐震的性能就比較差。

雖然低層房屋受地震力傷害的機率大，但是假如結構堅實，牆面做得很厚，還是很耐震。所以，除了某些特例，如台北一〇一大樓之外，住高樓大廈、且地基廣大、有全面開挖地下室的，比坪數面積狹窄、外觀像根油條似的，更抗震。選公寓平房，則要梁柱、牆面無斜裂縫，且採用鋼筋混凝土牆壁，厚度超過十二公分、最好大於或等於十五公分，結構完整的，最安全。

056 您住的房子有沒有耐震設計？

有些人喜歡住高樓大廈，有些人偏好獨棟透天厝，而更大多數人是住在公寓。樓層高度不一的平房、透天厝、公寓、大樓，當然各有不同的優缺點。可是，處在地震如此頻繁的台灣，你住的房子，當初蓋的時候，有沒有做耐震設計呢？這可是購屋換屋時，一般人應考慮卻較少考慮的重要問題。

早期蓋房子，因法規對結構設計的要求並不嚴格，所以較缺乏耐震設計。民國七十二年以後，建築技術規則規定，房屋建築需要耐震設計，但是建商確實做到的很少；直到民國八十年，台北市政府率先依建築法，要求建築物除五層樓以下之非供公眾使用者以外，其餘建築物均須由結構專業技師設計，此後各縣市政府陸續依法行事，關係到建築物結構安全的耐震設計，才漸漸被普遍運用。

所謂耐震設計，就是依據房屋的使用壽命（統計學上的回歸期為四百七十五年），以發生機率超過十％的地震等級，來設計房屋的耐震度，確保當房屋遇到比所設計承受的震級還強的地震時，假使會龜裂、損壞，也不會在瞬間倒塌，達到「小震不壞，中震可修，大震不倒」，以減輕生命財產的損失，這就是耐震設計的最主要精神。對於地處頻繁地震帶的台灣來說，耐震設計關係到房屋耐受地震時的行為，好比護身符一樣，是相當重要的結構要素。

遺憾的是，屋齡二十五年以上的房子，耐震設計往往不足，而且平房又比高樓嚴重。

假使你家屋齡已有二三十年，倒也不必太擔心，耐震設計對四樓以上的房屋較有功效，四樓以下，差別不大，只要結構良好，裝修時沒有打牆毀梁，老房子未必不耐震，相反地，它聳立地面，經歷多次大小地震而無損壞，等於通過多次「地震考試」，比起未經任何震度測驗的新成屋，更增添幾分安全保證。

不過以前曾經有損害紀錄的房子就應該特別注意，要找結構技師為您的房子作安全檢查並採取必要的措施。許多在地震中倒塌的房屋，通常過去早有損害的現象發生，可惜未做適當的處理才導致坍塌的後果。瞭解房屋是否有損害的紀錄？查看外觀是否有整修過的痕跡？是買成屋時的重要功課。

總體來說，早期樓層高的中古大廈，施工謹慎，注重結構系統；而五樓以下的中古公寓，有時根本沒有做房屋結構設計就蓋起來了。而且樓層高的房屋對軟弱土層而言，基礎開挖深，抗震力比低樓房來得好。還有，買房子時，選擇有地下室的，比沒地下室的，耐震力更好；全面地下室，又比部分地下室基礎穩固。為什麼地下室這麼重要呢？下一章節為您仔細剖析。

057

地下室挖愈深愈好？

民國七十六年的建築法規規定，凡是五層樓以上的房子，皆要按房屋比例設防空避難設施，也就是地下室。

法規未頒布實施前，地價尚未飛漲，房價便宜，開挖地面以下工程，比蓋地上物還貴，而且通風、採光不好又潮濕，不能賣好價錢，所以建商都是能省則省，再加上往地層下面開挖，難度超高，八分靠施工時謹慎的態度，二分則賴設計者的細心，全看建商肯花多少代價。假使開挖地下室失敗，不僅鄰房會受到波及，連地面也可能崩塌。

例如十五年前台北市鄭州路、塔城街開挖捷運地下街工程，馬路竟在一瞬間塌陷成一個四十公尺長、三十公尺寬、十八公尺深的大窟窿，附近所有水電瓦斯管線全部壓斷，臨近十七層高的龍門大廈也差點跟著陷落。石牌也有一處工地地下開挖時，安全支撐塌陷鄰房傾倒，可見開挖地下工程之不易。所以，這就是為什麼你會看到有些屋齡二十五年以上的大樓或公寓，地下室坪數會小於地面房屋樓板面積，變成部分地下室的原因。

但是，除了地質特別堅硬的少數地區以外，一般房屋蓋好後，都會產生基礎土壤壓密沉陷的現象，而這種房子，有地下室的部分，沉陷量少；沒有地下室的部分，沉陷量大，日久之後房子自然傾斜。而且往後若附近道路施工、鄰房改建，房屋本身也易受影響而傾斜。

現在可不同了，地下地上一樣值錢，又可設計成多功能用途，停車場、游泳池、或育樂間，增加建築物本身的機能與售價，建商都是全面開挖地下室，還往下三層、四層延伸。雖然開挖地下室可以平衡建築物的重量，減少沉陷，增加基礎承載力，但是如果樓層不高開挖太深也不行，地下室並非挖得愈深愈廣就愈好。

假如建築物樓層不高，每層樓面積五十坪，地下室卻開挖一百坪，地下面積超過地上物面積太多，地下水浮力將大的可怕，若未經仔細設計，整棟建築會斜向一邊。

地下室是結構安全的基礎，最好是地下室樓板面積稍大於或等於地面層。有全面地下室的大樓或公寓，地下基礎屬於「筏式基礎」，挖掉的土和蓋上去建築物的重量相抵，基礎穩固，而且地下室的梁柱粗大，比地面以上建物所用的梁還大，可以承受很大的壓力。不僅向下沉陷的力量均勻，房屋不易傾斜龜裂，就算發生大地震，損害率也比部分地下室的房子小。

在開挖地下室時，通常會將鄰房的損壞機率計算進去，如果鄰房傾斜率控制在一／二五〇以下，皆屬正常。舉例來說，若樓層高度是二點五公尺，除以二五〇，傾斜量只要沒超過一公分，施工損害就算輕微。

058

你家房屋有「結構計算書」嗎？

照理說，每棟房屋都應有一本「結構計算書」，好像名犬的血統保證書一樣，保證房屋梁柱鋼筋都經過正規技師精算。事實上呢？

過去的年代，建築界根本不重視房屋的結構系統，不少二、三十年以上屋齡的中古公寓，是用同一本「結構計算書」當「範本」蓋起來的。任何房子都一樣，換張封面和平面圖，工程名稱改一改，依樣畫葫蘆就把房子蓋好了，結構穩不穩固？大家心照不宣。我曾聽同業提起，他審查過一棟十幾層樓高的新建大樓，發現梁柱鋼筋竟然只使用五樓鋼筋的尺寸，實在很離譜。

這種情形到九二一大地震後逐漸改善。不過，地震過後我到中南部參加研討會，竟然有廣受大家敬重的「師」字輩工程相關人員舉手發言，他大意是說，「以前我們都以為房子怎麼蓋都不會倒，這次九二一大地震後我們才發現房子還真的會倒！」這決不是偶然的，應該有很多建築工程從業人員都有這個觀念。實在令人震驚！房子若不重視結構，隨便蓋一蓋，怎經得起大地震的考驗？這種最起碼的常識，竟連專業工程人員都不懂，可以想見，台灣建築界過去是如何忽視房屋結構的重要性。

買預售屋時，除了看設計規畫，建材好壞，還要主動向建設公司索取結構設計藍圖，圖上載有鋼筋降伏強度、及混凝土抗壓強度二項數字。鋼筋降伏強度通常為2800kg/cm^2、4200kg/cm^2；混凝土抗壓強度則為210kg/cm^2、245kg/cm^2、280kg/cm^2、350kg/cm^2，視建築物高度而有不同的調配，通常數字愈大，代表強度愈高，施工強度也相對較高。

059 哪種建築物要做「耐震能力評估」？

二十世紀至今，台灣共發生過二十次規模六的地震，三次規模七地震，八十八年九月二十一日的集集大地震，規模七點三，災情之嚴重，建築物嚴重受損或倒塌的達兩萬棟，死亡人數超過二三〇〇人，八千多人受傷，這是生活在這塊土地上的人，記憶中共同的傷痛。

九二一大地震過後，工程界流行一句笑話：「見所就倒」（台語），說來心酸，意指越是公家機關越容易在地震中倒塌。在大災難來臨時，應該提供作為災民臨時避難所的公務部門，反而比一般民宅更不堪一擊。怎麼會這樣呢？

先不管有沒有偷工減料的問題，公務部門的設計本來就不利於房屋結構，因為提供作為民眾洽公之所，講究開放空間，普遍牆量都太少，其實地震一來，牆可以抵抗地震力，是很好的設計。再加上建築物老舊，安全係數較低，七十年代蓋出來的房子，有些偷料偷得很兇，八號鋼筋變七號，或是抽走一兩根，灌注混凝土偷加水造成強度也不足；還有的「偷工不偷料」，鋼筋擺放不照規則來，亂箍一通……林林總總的理由加起來，就變成機關學校好像特別不耐震似的。萬一大地震發生在白天辦公、上學的時間，後果很糟糕，肯定是大傷亡。像中國四川大地震，倒最多的就是學校，根據聯合國兒童基金會香港委員會公布，川震至少造成七千間校舍完全摧毀，學生被活埋而死亡的近八千多人。平時，建築物可為人們遮風避雨；大難來時，豈可讓它搖身一變成殺人的工具呢？如何讓建築物在大地震來臨時屹立不搖，成為人們安全的堡壘？

歷經大地震的災變，政府學到了教訓，民國八十九年，行政院核定「建築物實施耐震能力評估及補強方案」，以更嚴格的規範來檢視舊建材能否符合耐震標準，尤其是地震災害後，需要繼續維持機能的公有建築物，像是消防警務機關、教學醫院及各級醫院、發電廠、自來水廠、供公眾使用的建築物等等，尤其是各級學校，國中國小、高職高中、大專院校。從九十年開始，逐年編列預算清查，全國有哪些公有建築物沒有達到耐震力標準？評估過後再開始進行補強，提高建築物的耐震力標準。

知道這代表什麼意義嗎？政府開始主動幫我們孩子就讀的學校建物結構體做健康檢查，讓我們放心當地震來臨時，在校的孩子會安全；即使去公家機關辦事也不怕被壓死；就算住家倒塌，也還有公家大樓可以棲身依靠……

大災難考驗著國家的政策與智慧，我們從九二一大地震身上學到了公有建築物不能倒的教訓，並且付諸施行，這就是正確的施政方向。金融海嘯後，這項「建築物實施耐震能力評估及補強方案」，針對全國各中小學校舍加強推動，已實施公有建築物近萬件，無形中也製造了許多就業機會，從設計到施工，賣水泥的、貼磁磚的、從上游到下游，多少家庭得到溫飽，不僅振興了經濟，全國公共建築物因此更加堅固安全，還有比這更聰明的政策嗎？

根據教育部電子報二〇一〇年二月報導，全國有九千棟校舍完成耐震能力評估，五百棟完成補強設計，超過一四五棟校舍補強工程竣工。有沒有成效呢？今年三月四日，高雄甲仙發生規模六．四大地震，事後據教育部統計，全台災損學校共三四〇校，除了台南玉井國中被列為危險校舍外，其他都是些牆壁龜裂、玻璃破碎、水管水塔破裂等等不會危及建築物結構安全的損壞。不是地震不夠「大」，而是我們公有建築物的抗震能力進步了。這些保護大家安全的背後推手是教育部、行政院公共工程委員會、國家地震中心、台灣大學及台北科技大學土木系教授，以及全國各地結構專業技師共同努力的成果。

至於一般民宅，目前沒有強制性規定要做建築物耐震能力評估及補強，一來費用昂貴，萬一評估出耐震力不足要做補強設計施工時，該做在哪一戶？哪些柱或牆？勢必影響該戶的使用面積，寸土寸金的現在，爭議很大，所以即使該做，做的卻很少。

060 什麼是「制震」宅、「隔震」宅？

九二一大地震後，有一種產品在房地產市場很流行，號稱「制震」宅、「隔震」宅，好像能完全制服、隔絕地震似的，任何建案套上這兩個名詞，彷彿從前風靡一時的鋼骨建材，馬上身價都提高了。制震與隔震的功效真是如此所向無敵嗎？

首先，要瞭解何謂「制震」、「隔震」。簡單的說，制震就是在建築物內裝置設備，當地震來臨，這種特殊設備能吃掉地震力，消耗、吸收掉建築物擺動的能量，建築物擺動量變小，房子所受的地震力自然就變小，有壓制、制服地震的效果。

而隔震，顧名思義就是「隔開」地震，將地表震動和建築物隔開，當地表震動很強烈時，建築物卻震動很小，建築物受震力就變小。最常見的隔開方式，是在建物地下一樓柱子中央下，加裝隔震墊，可別小看這種隔震墊，它能承受數千噸的力道，因市場太小的關係，台灣目前沒有生產製作，完全仰賴進口，是相當昂貴的高科技產品。

照理說，制震器和隔震墊能吸收掉地震能量，對建築物的防震能力確實有幫助；但問題出在設計時的擺放位置及數量上，若只是「敷衍」的放幾個意思一下，根本沒有效果，充其量是建商賣房子的噱頭而已。

061 制震宅、隔震宅絕對安全嗎？

制震器正確的施作法，每個樓層至少要裝四個，若樓板面積越大，要裝越多。且樓高二十層的大樓，至少十樓以下每樓層都該裝設，否則制震效能太低。有些豪宅雖號稱「制震」規格，但只在兩三個樓層裝三、四個制震器，老實說，抵抗地震力的效果很有限。

隔震墊則是每個梁柱下都要有，若有二十根柱子，就需要二十個隔震墊，且要再加裝制震器，隔制震效果才會好，否則地震過後，建築物會移位跑掉。通常隔震墊都做在地下一樓，台北新店的慈濟醫院，就是典型的隔震屋；淡水一帶豪宅，也有一些制震宅。

嚴格來說，隔震規格造價比制震貴，且須再加裝制震器，通常做「假」的較少；號稱「制震」，卻不按施作標準只放幾個樓層、或只裝幾個制震器的「假」制震宅，在房屋市場卻很多，這些建築物真的比單純鋼筋混凝土造的大樓還安全嗎？我在心裡是打個問號的。

大家可能不知道，建築物一蓋好，受到風吹、地震，它會呈現擺動的狀態，擺過去又擺回來的時間，就叫做「週期」。建築物愈高，週期長，擺動速度愈慢；建築物愈矮，來回擺動時間較短，擺動速度愈快。建築物的擺動週期，和地震來臨時吸收的地震力有關。以台北盆地為例，法規規定，地震擺動週期約在一．六五秒以上，建築物吸收地震力愈小；一．六五秒以下，吸收地震力就大，但是因為樓層低，擺動的幅度小，裝制震器其實效果不好，只是提高房屋造價而已。換句話說，樓層較低、短週期的建物，適合作隔震；樓層較高，週期長的建物，做制震效果才會發揮。

日本阪神大地震發生前，鋼骨大樓公認是最耐震的建材，結果在地震中倒最多的就是鋼骨建物；原因我會在下面章節說明。沒經過地震的考驗，沒人知道材質的真實面。現在最夯的隔制震材料也是一樣：經過十幾年後，材料老化會如何？制震器、隔震墊該如何檢驗？如何抽換、維護？目前依然沒有定論。

所以不必以為有做制震、隔震的大樓就永遠屹立不搖，追逐流行，肯定會買到超高價的房子啦！

第五篇

解開房屋結構設計的陷阱

您知道嗎？樓中樓、夾層屋、開放空間的設計，在大地震中特別容易倒塌？以下告訴您，房屋市場中輕結構、重設計的危險性。

062 鋼骨結構比鋼筋混凝土「勇」嗎？

人體若沒有骨骼支撐，就沒辦法站立，愈老愈要保骨本。房子也是一樣，結構系統等於是人體的骨骼，房子老了，骨架子散了，如何穩立大地？保障居住者的生命安全呢？以下來談談何種建材構造的房屋「骨架子」，最穩最堅固。

撇開早期木造、磚造、土造房子不談，現代蓋房子以材料區分，多半分成鋼筋混凝土造（簡稱RC）、鋼骨構造（簡稱SS）、鋼骨鋼筋混凝土造（簡稱SRC）等三種建材。若以結構系統區分，則有單純梁柱系統、梁柱系統加剪力牆、梁柱系統加斜撐、或純剪力牆等幾種構造方式。哪一種房屋「卡勇」呢？

普遍的看法以為，純鋼骨構造的房子最穩最耐震，就連建築業界的工程師，也多半認為如此，一棟不超過十二層樓高的房子，本不需用到鋼骨建材，建築師也喜歡採用鋼骨來營造，賣房子時更可以據此強調是「鋼骨大廈」，標榜它的安全性，售價及身價因此往上墊高不少。事實真是如此嗎？

一九九五年，發生在日本的阪神大地震，倒塌毀損的房屋超過三十五萬戶，其中毀損率最驚人的，就是鋼骨構造的樓房，甚至遠超過鋼筋混凝土造房屋，「鋼骨神話」被徹底推翻了！（資料來源：新日本建築家協會關東甲信越支部技術部會メンテナンス分科會・編1995.1.17出版：阪神大震災写真集《被災した集合住宅》鋼筋混凝土及鋼骨建築物依不同起造年代的受損比率，詳見附圖）

以下這個統計圖有一點需要說明：在日本，許多房屋是鋼筋混凝土及鋼骨鋼筋混凝土兩種的混合構造，所以下圖的「鋼筋混凝土結構」是將鋼筋混凝土造、鋼骨鋼筋混凝土造及混合構造等三種結構合併統計，統稱鋼筋混凝土造。

原來，「鋼」這種材料，在製造及組裝過程中所產生的力學行為，會埋下「脆性破壞」的種子。所謂脆性破壞，就好比把冰凍的軟糖拉長會斷裂一般，鋼料一旦發生脆性破壞，也會「啪！」一下子脆裂掉。

大部分鋼料在焊接成形時，是由許多平板組合成形的，焊接的地方加熱會膨脹，而沒有焊接處則保持原狀，因此材料會產生一些熱脹冷縮的內應力。一體成型的鋼材則是周圍四邊冷卻速度快，內部降溫慢，就會像烘乾一本潮濕的書，中間內部先鼓突出來，這對房屋結構體是一種傷害，當大地震來臨時，會從這個地方先破壞。

日本阪神大地震鋼筋混凝土結構及鋼骨結構建築物依不同起造年代的受損比率

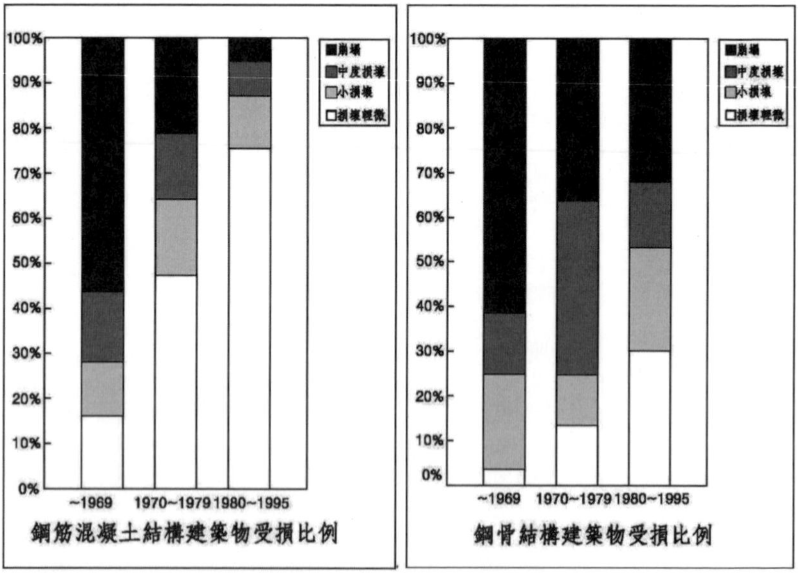

鋼筋混凝土結構建築物受損比例　　鋼骨結構建築物受損比例

資料來源：新日本建築家協會關東甲信越支部 技術部會メンテナンス分科會· 編
1995.1.17出版：阪神大震災写真集《被災した集合住宅》

日本阪神地震中，鋼骨構造的房子損害現象一。

日本阪神地震中，鋼骨構造的房子損害現象二。

這堆殘骸全是阪神地震中震倒的鋼骨構造房屋。

鋼骨鋼筋混凝土結構大樓在阪神地震中的損壞。

這棟應該是鋼骨鋼筋混凝土或鋼筋混凝土結構，它的的二樓不見了。(阪神地震)

這是鋼筋混凝土結構，但它的設計不符合現代的耐震規定，後面是二樓，前面柱子卻在一樓，中間樓層不見了。(阪神地震)

氣候溫度的變化，也會使鋼料產生脆性破壞。阪神地震發生在清晨五點四十分左右，氣溫約攝氏零度，許多日本專業技師都懷疑，是鋼骨材料在不同溫度下呈現不穩定反應，才會造成這麼多鋼骨建築物崩塌。著名的鐵達尼號，它那防止沉船的隔艙之所以沒有發揮作用，據研究顯示，也是接近零度的水溫使船體鋼板脆性破損所造成的。

同樣是鋼，當地震發生時，鋼筋因為是圓棒子，材質均勻、橫斷面積小，沒有內應力的問題。再加上混凝土包含的複合材料，有砂、水泥、石頭等等，共同組成房屋結構，力學行為複雜，一旦受地震擠壓破壞時，反而表現的比純鋼骨造的房屋耐震。

十幾年前在高雄，有一棟純鋼骨造、三層樓高的「上門保齡球館」，無預警的倒塌了，外觀看不見任何裂縫，卻在頃刻間全垮掉。正因為牆全部作輕隔間，柱子外表也是用裝修材料一片一片掛上去的，房屋層層疊疊地被包裝起來，結構體若有損壞，不像混凝土造房屋，從外表完全看不見內部警訊。

一九九四年的洛杉磯大地震，是美國近年來最嚴重地震之一，有些鋼筋混凝土造的房子，因為表面出現裂縫，一眼就明瞭損壞程度，得以立即進行補強。而好多鋼骨大樓似乎完全沒受到地震影響，完好如初。某天，有位工

鋼筋混凝土造的房屋有好的結構設計及施工，大地震來臨時即使地震強度超越設計強度，只會嚴重損壞不易倒塌，就如照片中的柱子一樣直挺。(阪神地震)

程師因業務需要將辦公室的裝修材料取下來，愕然發現：裡面鋼骨梁柱接頭竟然嚴重損壞！進一步檢查結果，整棟大樓的鋼骨梁柱接頭大部分都扭曲變形了。於是加州政府下令全面清查區域內的鋼骨樓房，才發現幾乎大部分早已在地震中變形，洛杉磯居民實在應該感謝那位機警的工程師，否則大多數鋼骨建築物都將在下次大地震來襲時倒塌。

鋼骨還有另一項缺點：不耐燒。一旦著火，高溫會使鋼料強度降低，熱漲冷縮的推擠之下，只要有一個樓層燒壞，整棟大樓的梁柱構架都會變形歪掉。而混凝土本身是種熱絕緣性材料，比較不怕火。所以鋼骨大樓外表一定要加噴一層石棉材料調製而成的「防火披護」，外觀呈乳白色，不仔細分辨，會以為是一層水泥漿，然後再包在鋼骨上，才有防火功能。不過遇到大火延燒時間太長也是不行，新北市曾經有棟大樓失火，按照規定應該有「防火披護」，可是梁柱還是扭曲變形了。有不少鋼骨造廠房一失火，瞬間便不可收拾，主因就在於少噴了這一道「防火披護」。

063 哪種建築物用鋼骨較好？

同樣蓋大樓，鋼骨結構造價硬是比鋼筋混凝土貴，售價更貴，其實，小市民若要選擇房屋當住家，鋼骨造不見得比鋼筋混凝土造的安全，不必全然迷信仲介公司推銷「鋼骨大樓結構最好」的廣告說詞。

在日本阪神地震中，一九八〇年至一九九五年間所蓋的鋼筋混凝土及鋼骨鋼筋混凝土造建物（因在日本有些房屋是混合兩種構造），嚴重損壞及倒塌的比率約只有五％，而純鋼骨構造卻接近三十％（請看第六十二問的附圖），可見鋼筋混凝土造的房屋耐震力、強度，不會比鋼骨、或鋼骨鋼筋混凝土造的差。而且現在的混凝土及鋼料強度都比過去提高很多，只要好好設計，謹慎施工，鋼筋尺寸和排列方式確實，鋼筋混凝土也蓋出了許多好房子。若問我個人意見，我對ＲＣ（鋼筋混凝土）造的房子是情有獨鍾的。

倒是某些跨度大、樓層高的建築物，若用其他建材建造，結構體本身會相當重，造成不利抗震的因素，或結構體大佔了太多使用空間，因此非用鋼骨構造不可，例如體育館、足球場、超高的大樓等。總之，普通的建材用普遍熟悉的正確方法蓋，效果依然不錯；再好的建材，用錯誤的方法建造，蓋出來的反而是中看不中用的房子。

至於多高的樓層才需要用到鋼骨建造？沒有定論。工程技術日新月異，每天都在進步中，依據材料特性來設計建物強度，幾乎可以「量身訂做」，視個案需求再決定構造型態，像我曾經被委託設計一座寺廟，法師要求此廟「永遠不能倒」，所以我特別提高設計標準與安全係數，當然囉，造價自然變貴了。

064 致命的「開放空間」？

有幾年，建築界很流行一種設計，相信經常逛工地的消費者，也會從模型屋的外觀發現到：部分一樓的店面、住家不見了，取而代之的，是公共花園、噴水池、遊憩場或游泳池。

這種將一樓面積一部分移作公共庭園、休憩設施的建築設計，正式名稱叫做「開放空間」。特別是在社區式規畫的大型建地中最常見到，建商也以此作為房屋宣傳的賣點。

「開放空間」之所以會在業界快速崛起，有大部分原因是受到法令的鼓勵。起頭是民國七十三年內政部公布的「未實施容積管制地區綜合設計鼓勵辦法」規定，一個滿足規定條件的建築基地，建築物的一樓若設計成時常開放供民眾通行或休憩的空間，可以不納入容積計算，還可以獎勵增加建築面積。延續到今日，只要是都市計畫地區，仍有開放空間獎勵容積率的規定。

換句話說，只要建築物照規定蓋「開放空間」，便允許建商額外增加樓地板面積，樓地板面積增加了，戶數相對增多，能銷售的面積自然也多，哪個建商會放棄這種「把土地變大了」的油水？寸土寸金耶！每家建設公司都緊緊抓住這個獎勵辦法，蓋出一大堆有「開放空間」的樓房。

表面看來，「開放空間」立意甚好，因為民眾最常活動的區域便是一樓，在擁擠的都市叢林中開放出一樓讓大家種花蒔草，休憩玩耍，交誼散心，的確能提高居住品質，綠化家園。不過，從結構技師的專業眼光分析，「開放空間」卻是會致命的設計，隱藏高度危險性啊！

065 「開放空間」為何致命？

「開放空間」之所以開放，特色就是大部分的地方「不能有牆」，讓一樓面積保持暢通無阻。試想：一棟建築物一樓以上各樓層，有許多隔間牆、隔戶牆、梁、柱等，但是到了一樓卻把絕大部分都拿掉，原本該支撐整棟大樓的重心，竟被抽離成為最軟層，這會造成什麼結果呢？當大地震來臨時，只有柱子、及少數牆的一樓，形成軟弱層導致應力集中現象。或者少數牆偏處於房子的一角落，勁度中心容易偏離質心，一旦扭轉嚴重，柱子就會軟掉，然後就像橡皮糖，只要先扭轉一圈就齊腰折斷一樣，支撐一樓的柱子也會先扭後斷，整棟大樓就會被震垮。

一九九五年的日本阪神大地震中，就有很多一樓做開放空間的建築物被震塌的先例。日本都市用地同樣是寸土寸金，不少建築物的一樓被當作停車場、公共花園使用，結果都經不起地震的考驗，一樓柱子不是斷掉、壓碎、就是整個樓層全被壓扁，停車場內汽車瞬間變成三明治的夾心火腿，真是怵目驚心！請參閱第三十三問的圖文資料就知道嚴重性。

我國九二一地震中也有類似的例子，包括一些騎樓建築。所以政府在九二一地震後不斷提高耐震規範，特別規定房子結構設計時要考慮非結構牆的影響。遺憾的是，還是有很多建築物沒按照規定來做。

當地震發生時，整棟建築物受應力最大的地方在哪裡？正是一樓。「開放空間」設計最讓人詬病的，便是一樓以上是很堅固的結構體，有牆、有梁、有柱，到了一樓，牆不見了，只剩下柱子，而且一樓樓高通常又比其他樓層高，相對較軟——受應力最大的地方反而成為最軟弱的地方，房子豈有不垮的道理?!

民國七十八年以後，有「開放空間」設計的建案，不斷推出，尤其是十二層樓以上的社區式高樓，採取這種設計的最多，算起來，約二十年屋齡，民眾若住在此類型房子內，要特別留意一樓的設計。

如果建設公司及建築師，在蓋房子時，能聽從結構技師的建議改善結構系統，特別加強結構強度，即使是「開放空間」的樓面，也能有不錯的耐震處理。好比說：在不影響「開放空間」的精神下，適當地增加牆量，而且是堅固厚實的牆面。牆其實不佔空間，技巧性地在一樓加入牆面，不僅能裝飾大樓，也能美化環境。像某些紀念物、大樓指示路標、社區徽章圖案等等，都可以設計成梁柱型的牆面，加強樓層的抗震能力。對於「開放空間」式的大樓來說，一樓的「牆」，實在太重要啦！

066

樓中樓與夾層屋，體質脆弱？

十幾年前，有一種特別的房型設計，幾乎席捲整個房屋市場，翻開報紙房市廣告，不是「挑高四米二」、「挑高四米五」，就是「氣派樓中樓」、「絕版樓中樓」等，把房屋樓層挑高變成樓中樓或夾層屋，儼然是當時房市寵兒。直到後來，隨著法令限制，挑高、樓中樓變成大違建，這類建築才不再熱門。可是，在二手屋市場中，不少消費者仍然情有獨鍾，對「樓中樓」趨之若鶩。

為什麼樓中樓這麼搶手？顧名思義，「樓中樓」便是指樓中有樓的意思，原本該蓋為兩層樓的空間，抽掉中間的樓地板，挑空加高，讓室內空間看起來又高又寬敞，氣派十足，彷彿住在宮殿一般。等到住戶入住，還可請人隔成「夾層屋」，平白多出幾間房，擴大居住空間。「大碗又滿盈」，難怪此類房子曾如此大賣。

殊不知，這種「蓋高尚」的創意設計，危險性之高，超乎你所能想像！平時或許看不出有什麼壞影響，只要大地震一來，那可慘了——街道上一排房子中，如果有一棟是美輪美奐的樓中樓或夾層屋，一定會從這裡開始先垮掉，結構體質相當軟弱。

因為樓中樓做了許多「挑空」設計，也許一樓有梁、二樓有梁，到了三樓就挑空，變成夾層；四樓也是相同，五、六樓又有梁，整棟建築物的中央變成大軟層，地震一來，會產生應力集中現象，抗震力量軟弱，自然難逃倒塌的命運。即使買來後再做加梁的改建補救，也彌補不回來，這是先天設計品質上的缺陷啊！

這種設計缺失，在原始結構即設計成整棟皆樓中樓的建築物上，表現最為明顯。另外有一種「後天」型的樓中樓——原本建物不是做樓中樓設計，但是每層樓高達四米半或四米二、三，於是建商就在中間多做一個夾層，等於是樓層內蓋違建的意思。這種「後天」加蓋出來的樓中樓，對結構安全的影響則比「先天」來得小。

不過，一般樓層高度設計約三米至三米多一點，把房子挑高成四米半，會減少很多樓地板和梁，支撐力因而減少，抗震能力當然不會太好。

尤其是一樓挑高的建築物，好比長了一雙細瘦長腳的胖子，上面載重大，而承受力最多的腳，卻是細細長長的，走起路來的模樣，你能想像嗎？重心不穩，搖搖晃晃！

「一樓挑高」的房子非常危險，柱子加長才能挑高，但是柱子愈細長愈易彎折，地震時一受應力，整棟房子會先從哪裡損壞？答對了！正是一樓柱子。

067 為什麼會有樓中樓、夾層屋？

說穿了，挑空、夾層、樓中樓等設計，全部都是建設公司鑽法律漏洞下的產物。

在台灣設計房屋，最起碼要受到建築法規的三種限制：建蔽率、容積率、及樓層高度。假如一塊建地有二百坪，蓋好之後，規定每層樓地板面積加總起來，不得超過三百坪，若每層樓蓋二十坪，就只能蓋十五層樓。建商為了要增加銷售單位與面積，就把中間幾個樓層面積縮小，然後在這裡、那裡挑空，樓地板不見了，自然不算樓板面積，可以再多蓋幾層樓出來賣，就這樣乾坤大挪移，成就了流行一時的「樓中樓」設計。而本來每樓每戶平均都是二十坪，一旦「挑空」，就算有些房屋單位被縮水了一些，也感覺不出來，多出來的坪數，還可以再多蓋兩層樓。從外貌看，整棟建築物完全看不出建設公司「加減蓋」的玄機，其實大樓內部分樓面已經是「空心」蘿蔔了，根本沒有樓地板支撐。

有些建商會在消費者購買樓中樓之後，再幫忙把樓板補回去，就是蓋「夾層屋」，要小心！這可是違建的行為。假如你手上的房屋買賣契約中，記載著：「權狀面積三十坪，使用面積三十六坪……」等等使用面積大於權狀面積的字眼，多半是後來才加蓋的違建，別高興得太早，不知不覺中，你已經住進部分違建的房子了。我有一位朋友買到內湖挑高「豪宅」，使用面積遠遠超過權狀面積，他暗自竊喜撿到便宜貨了。沒想到住進去沒幾天便接到拆除大隊公文，原來有鄰居檢舉他的挑高夾層設計是違建！他又花了一筆錢重做裝潢，一條牛被剝了兩層皮啊！

068

中看不中用的樓中樓？

假使你對挑高、挑空、夾層屋、樓中樓等設計形式的二手屋，有所偏好，在此建議千萬別心存幻想，好看一時，不如耐用一輩子，「中看不中用」的房子，實在禁不起大地震的試煉。

也許有人會問：屋齡四、五十年的老厝，泰半都挑的很高，為何就從來沒有抗震力弱的問題？最主要關鍵在於：過去老房子的樓面是「全部」做挑高，受力平均；現在的樓中樓挑高，則是「部分」挑高，整個平面中有部分面積沒有樓板（通常在客廳、餐廳），勁度不平均，地震發生時，就會從勁度弱的挑高部分先塌掉。

假使住在挑高四米五的房子裡，想要自己作夾層，多隔幾間房時，最好用木頭、或輕鋼架、鋼梁等質輕的材料來組成樓地板、牆面，比較不會妨礙整棟建築物的結構系統，而且在隔出的樓板上盡量不要放冰箱、鋼琴、大書櫃等重型家具。最重要一點：不要擅自打牆、敲柱，讓堅固的牆負起整棟房子的抗震功能。

069

輕結構，重造型的危險設計哪來的？

開放空間、樓中樓、夾層屋……，通通都是法令下的產物，卻都有結構上的問題。也許有人會問了：推動法令的營建署各官員們，難道不懂得結構力學，否則怎會訂出鼓勵建設公司多蓋些危樓的獎勵辦法呢？

說實話，早幾年，我國主管蓋房子的最高主管單位——內政部營建署官員們，泰半是從建築系畢業的，幾乎沒有結構專業背景的官員，因此對於建築物結構安全方面的專業知識，有所欠缺，自然無法做出面面俱到的決策。所謂隔行如隔山，在建築系的課程中，有關結構力學的部分少，且不深入。所以在台灣學建築科系出身的人，多半從事房屋建築設計，而結構設計則是土木科系裡面的結構組畢業生的天下。

在歐美國家，建築系被畫歸為藝術學院，除非另外領有專業執照，否則建築師是不允許為房子做結構安全設計的。因為房屋結構牽涉到極複雜的力學行為，不僅僅需要設計室內外空間的美學觀點而已。

反觀國內，建築系卻隸屬於工學院，建築師甚至可以為建築物的結構安全認證，結果造成以藝術眼光創造建築物外型，房屋結構安全變成次要考量了，這實在是值得檢討的問題。所謂「術業有專攻」，讓對結構一知半解的人，來主導整個房屋設計，當然會蓋出許多「中看不中用」的房子，好比「樓中樓」、「夾層屋」、「挑高設計」、乃至「開放空間」……，都是這種畸形現象下的產物。

幸虧，這個問題經過結構技師公會，及許多大學教授等有識之士的大力疾呼、宣導下，漸漸趨於改善。

第六篇

老屋拉皮 該注意的裝潢重點

替中古屋換新裝，敲梁打牆最可怕。以下告訴您該如何安全的改建，為房子開創第二春。

070 頂樓加蓋，加分或減分？

很多人喜歡住頂樓，尤其是舊公寓的頂樓，多半都有加蓋，「公寓五樓頂加，使用空間大」、「絕版四加一，收租首選」，對於想住大房子、錢又不大夠的人來說，這樣的宣傳極具吸引力，把有限的坪數往上延伸，甚至還可以多間房間來出租，誰不想呢?!

可是，買頂樓加蓋的房子，是有危險性的——其一是結構性上的安全考量；二則要冒隨時被檢舉拆除的危險。民國七十二年的法規，准許合法房屋在屋頂搭建面積不得超過屋頂平台三分之一、且未大於三十平方公尺、簷高未超過二．五公尺的屋頂加蓋。結果不得了啦，屋頂加蓋如雨後春筍冒出來，從空照圖上看，到處都是加蓋，弊病叢生，所以七十八年六月又把這條法規廢除。公寓屋頂只能做緊急避難平台，或闢成空中花園，任何加蓋都算是違章建築，隨報隨拆。

但是過去舊法令同意蓋時的前後期頂樓加蓋怎麼辦？拆不勝拆，所以北高兩地做法都是：拆新加蓋的，緩拆舊有的。台北市是以民國八十三年度為基準，八十四年一月一日以後新產生的頂樓加蓋，都算違章建築，不論地區及規模大小，一律查報即拆。所以你在台北看房子，屋主或仲介會這樣告訴你：「原則上不會拆啦！」、或是「我們這是八十三年以前就蓋好了，安啦！」

不過，不拆不代表就地合法，違建就是違建，只要有其他住戶檢舉或提告，還是有可能會被拆除。因為公寓、大廈頂樓的平台是建物的「共同部分」，其所有權屬於「區分所有」，每層樓住戶都有份。

但是有些頂樓加蓋的二手屋，歷經風吹雨打的歲月摧殘該重修了，一旦進行修繕，又可能被當成新違建而遭檢舉拆除，修或不修？對新接手的住戶而言，其實是兩難的問題。

所以有意購買頂樓加蓋的公寓時，要注意確保頂樓的使用權，其他樓層住戶有沒有簽「建築物使用同意書」？有沒有「分管契約」？同意頂樓的使用權並放棄未來提告的權利。否則，才剛搬新家就被檢舉頂樓加蓋要拆除，只能自認倒楣喔！沒辦法向前任屋主索賠的。因為仲介公司的買賣契約書上都有標明買賣標的物的狀況，其中有一項是賣方針對「買賣標的物是否會被拆除」的選項進行勾選，這等於告訴買方增建部分的使用方式及狀況，買方「已知」有頂樓增建的事實，若將來因違建被拆除，也無法追討已付價金。

就以新北市舉例，因為升格，房價水漲船高，尤其是板橋、新莊、中和、永和、新店、土城等等捷運站周邊沿線的舊公寓、大樓頂樓，紛紛出現許多投資客購買，然後將頂樓內部重新裝潢隔間，再出租出去的違法新違建，新北市政府特別從九十七年便規畫了「頂樓投資客」專案掃蕩方案，歡迎民眾踴躍檢舉，即報即拆，拆除效率非常高，若想沿用過去「合法違建」的觀念，買頂樓加蓋來做生財工具，恐怕行不通。

老實說，住中古屋的好處之一，便是能用最經濟的錢，買到附贈裝潢的房子。若住進去之後，才在頂層大刀闊斧大幅度更動，花大筆裝修費用，其實並不明智。而且，老舊建築物的頂樓平台、樓板、梁柱承載強度早已低於現行法規的耐震要求強度，若大肆隔間，導致載重增加，讓同棟其他樓層住戶的梁柱結構受損，嚴重影響結構安全，這是很不道德的事，一旦出事，還要吃官司。所以保留原始風貌，頂多把一些老舊毀損的東西更新即可。

071 頂樓如何加蓋才安全？

再來要考慮頂樓加蓋的安全性。在屋頂加蓋，最重要的原則是：盡量減輕重量。使用的各種建材，千萬不要選擇鋼筋混凝土、大片鋼筋混凝土牆、磚牆等等。因為在樓頂上加蓋，和在平地上蓋房子截然不同，後者要求穩固，前者則力求減輕房屋的載重量，以免壓垮樓下住戶，造成樓房裂縫、損壞或漏水。我曾看過無數案例，更改隔間裝潢，住屋因此向下擠壓以致毀損變形，鄰居互打官司求償，關係烏煙瘴氣，風水怎麼會好呢？

設計房屋結構時，每一層樓都要計算載重量，屋頂雖然是空的，依據「建築技術規則」的規定，仍應該有「活載重」的重量設計。所謂活載重，就是包括建築物室內人員、家具、設備、貯藏物品、活動空間等等加總起來的重量。

如果建築物蓋好後，再用鋼筋混凝土做支架，在頂樓加蓋厚重的水泥、磚塊、牆等，超出了原始建築物設計的屋頂活載重承受量，建築物結構不出問題才怪！

所以，在頂樓加蓋所選擇的建材，務必以「輕」為前提。可用輕鋼架、塑鋼、鋼骨或木材、來作主要的結構體，屋頂則用鋼浪板，盡量不用石棉瓦或磚塊。外牆不要砌得太高，以鋼浪板來代替水泥或磚，而且四邊多開窗，讓輕玻璃來減輕牆的重量。有一種「輕質混凝土」，看起來像混凝土，重量卻比較輕，中間摻保麗龍球、氣泡或發泡的顆粒，既耐樓頂強風，又承受較小的地震力，是不錯的屋頂加蓋建材，不過造價比混凝土稍貴一點。

至於屋內，不要用磚牆作隔間，多選用木板、石膏板、輕質混凝土板等輕隔間。輕隔間依材質不同，每平方公尺造價從一千到一千五百元不等，完工速度又比磚牆快很多。只不過不能釘掛太重的物品，否則釘鐵釘的地方會裂開。

072 危險的空中景觀花園？

都市叢林缺少綠地，有人喜歡在屋頂種花蒔草，開闢「空中花園」，增加綠意。好比已故大企業家王永慶的母親王詹樣女士，生前便把住家大樓頂樓闢成菜園種菜養生。這種雅興固然能夠怡情養性，但是先決條件是：房屋的原始結構設計，已經把屋頂活載重的重量一併考慮進去，否則土壤的重量是十分驚人的，會把樓層壓壞。

一般來說，每十公分厚的土壤，每平方公尺的重量大約是二百公斤，一公尺厚的土壤就達二噸重了。而花草、矮樹叢想要種得活，至少需要二、三十公分的土壤厚度才夠。若種植高與人齊的樹種，土壤厚度更需五、六十公分。假設整片屋頂都闢建成景觀花園，建築物所承載的土壤重量豈不是相當可觀?!每平方公尺可能有高達一噸的荷重。

依據現行建築法規規定，住宅室內載重設計是每平方公尺二百公斤，屋頂則比室內少五十公斤，只需一百五十公斤。為了安全起見，我所承接的設計案，屋頂活載重皆設計為五百公斤。因為事前增加設計載重，多出的材料費用相當有限，但是建築物卻可承受「空中花園」的負荷，維持房屋正常結構。

許多老房子的屋頂活載重設計多半只有一百至一百五十公斤左右，要負擔一片山水花園，實在好辛苦，所以買到頂樓有空中花園的中古屋時，別高興太早，要仔細勘查梁柱有無斜裂縫，樓板、窗沿是否滲水等等結構警訊。

除了開闢綠地，屋頂上常見的用途，還有加蓋假山假水、做小魚池等。雖然有水層隔開，能夠減少日曬的悶熱感，但是卻隱藏著極大的危險性。

073

要命的頂樓游泳池？

我曾經任職台灣省住都局，勘查過無數工安事件，至今仍縈繞我心頭無法忘懷的，莫過於民國七十二年發生的豐原高中禮堂倒場事件，二十六個年輕的生命，在應該保護他們的校園無端葬送了，大好前程畫下休止符，還有比這個更讓人心痛的嗎？

雖然已經過了二十幾個年頭，當年災後現場我仍歷歷在目。好好的高中禮堂怎麼會倒塌呢？禍首正出在頂樓加蓋，而且加蓋所負荷的就是「水」，這正是我所說的頂樓加蓋大型遊泳池或觀賞魚池很危險的原因。

當年豐原高中蓋禮堂時，為了怕太陽直曬頂樓樓板，室內空間悶熱，學生參加活動會不舒服，特地找了一家專做屋頂隔熱工程的承包商，包商使用了一種在屋頂「蓄水隔熱」的辦法：禮堂頂上砌一道小圍牆，牆內加水灌滿整個頂樓，以隔開太陽直曬的熱源。

辦法看起來很不錯，但是承包商本身缺乏結構專業，又沒有請教結構技師，精算禮堂屋頂是否能承載水重，悲劇發生那天，正好下起大雨，禮堂內因新生訓練坐了滿滿的師生，屋頂整個塌陷，拉扯梁柱傾倒斷裂，傷亡慘重，二十六人死亡，八十多人重傷，可以避免的悲劇，卻因人為疏失而上演，豈不悲哉？

老子說：「上善莫水。」水，看起來無形無色，其實非常的重。每十公分的水，每平方公尺是一百公斤；一千平方公尺（約三百坪）就重達十萬公斤，相當於一百噸！驚人吧。建一個三十公分高的小水池放在屋頂上，等於頭上多頂了一個三百噸重的大水桶。

豐原高中禮堂原始建材是用輕鋼架蓋成的，屋頂的活載重設計每平方公尺約只有六十至八十公斤，最多也只能載重一百公斤而已，卻頂上這個超出原始結構設計好幾倍的重量，有如「泰山壓頂」，禮堂屋頂鋼架承受不住，當然會垮下來。

屋頂看起來很空曠，不善加利用好像很浪費，其實是逃生避難空間，擅自附加太多設計，對建築物本身結構並無好處。尤其當屋頂承載太多的土、與水時，既容易孳生蚊蟲，漏水機會也大。種植大片草皮時，還需另外做排水溝及擋土牆，否則土壤流失會堵住排水口，下面住戶可就遭殃了。

外國電影中曾看過美麗模特兒在頂樓游泳池畔曬太陽，好一幅賞心悅目的畫面，在我眼中卻像是災難電影的前兆——即使原始設計已考慮水的載重，但時日一久，難保不出問題！

為防止漏水，游泳池的池殼、底板、牆等，都要做得很厚，本身重量就不輕，再加上水的重量，一旦有些地震造成的輕微隙縫，肯定會漏水。豪宅的公共設施若有所謂的「空中溫泉游泳池」，看起來很棒的賣點，日後都是噩夢，防水工程絕對是大考驗，非常危險！

所以預售屋的游泳池設備，設在地下室比一樓好，一樓又比屋頂好。不過一樓的游泳池又有室內室外之分喔！若設在一樓室內，牆量會減少，變成開放空間，房子的結構安全度會減低；室外就沒有這種問題。而地下室的梁柱系統可吸收地震力，是游泳池的最佳地點，提供做為買房子的參考。

074

加蓋是房屋的贅肉？

中南部鄉間常見自地自建的樓房，住不夠了，再往後加蓋個廚房或儲藏室，整棟房子好像多出一塊腹地，其實好比人身上多出來的贅肉，對於身體機能（房屋結構）並無好處。

蓋房子，一層一層往上搭蓋，土層中的地基會開始向下慢慢沉陷。結構體剛蓋好的一兩年內，沉陷幅度最大，直到五、六年後，整棟建築物才開始穩定下來，這是自然現象。

每棟房屋沉陷的幅度都不一樣，和土層的厚度與強度息息相關。假如房屋結構設計良好，整棟建築物會力道均勻地向下沉陷，屬於正常的結構反映；萬一結構設計錯誤，房屋重心和基礎面積的重心點不一致，向下沉陷的力道不均勻，樓房就容易傾斜。

像十幾年前台北市延壽國宅甲區大樓的傾斜主因，正出在結構設計失當，造成了「不均勻沉陷」。

假設一棟樓房，屋齡七年，房屋沉陷量已慢慢趨於穩定，突然又在其後空地加蓋新的建築，新建部分開始下陷，速度快而且量大；而舊有樓房沉陷量卻緩而少，新舊之間的牆壁，勢必很難緊密接合，很快會出現裂縫，有了裂縫，漏水、潮濕跟著就來。

不少利用後院空地加蓋倉庫、停車庫、廚房的人一定有經驗，新蓋的水泥牆，一下子就裂了，室內濕度也很高，原因正出在這裡。

還有更嚴重的：新蓋地區把已呈穩定的樓房往下拉陷，整棟房子由均勻沉陷轉變為不均勻沉陷的狀態，這就不只是新舊牆壁會裂開而已，很有可能門、窗關閉不順暢、梁下牆間產生平行裂縫，代表房子已經傾斜了。

所以我不贊成利用空地加蓋，打通成屋內可使用的空間。這種把「外面變成裡面」的作法，不僅違法，對房屋結構安全有明顯傷害，地震發生時的抗震力也相對減弱。

075

老屋拉皮，糞土變黃金？

這幾年房價愈走愈高，尤其在台北市，精華地段寸土寸金，想買個新殼動輒數千萬，小市民負擔不起，於是，替老屋「拉皮」換新裝，儼然成為一股趨勢。

最著名的例子，當屬台中地標「勤美誠品綠園道」，獲二〇一二全球卓越建設獎商業大樓類首獎，是全世界最棒的綠建築，未改造前，卻是一棟半廢棄的大樓。台北市藍天凱悅大樓，拉皮前後身價大躍進，房價上漲了近八成。年華老去的中古大樓，若沒有結構上的大問題，改建又遙遙無期前，重新補強、翻修、裝潢，的確是個辦法。

再加上新蓋好的大樓公設比，依據最新的建築法規，平均近三五％，而舊大樓平均才十％，住戶可使用面積足足多出了二五％，就小市民的感覺，好像還是拉皮划算。

以北市政府的立場，也是大力鼓勵老屋拉皮或改建的。根據台北市都市更新處估計，北市超過三十年屋齡、沒有電梯、公共設施落伍、消防救災不便、耐震能力不足的四、五層樓公寓多達二十九萬戶，若以每戶四人計算，相當於一一六萬人，大概佔台北三成的人口數住在這樣的舊公寓內；而屋齡超過三十年的老舊大樓，也有近一萬七千棟。假設這些上了年紀的建築物全部拉皮或改建，對於美化市容的確有幫助。

北市政府自二〇〇五年起便推出「台北市都市更新整建維護實施辦法」，詳列補助辦法，鼓勵老屋拉皮，分一般地區、策略地區、歷史建物及街區，最高補助額度可達七五%，最近還不斷加碼，從屋齡三十年以上方才補助，放寬到二十年以上就能提出申請了。

改建更是優惠：北市政府最近宣布中低樓層老舊公寓更新方案，容積獎勵提高到兩倍，原住戶不但享有舊屋換新屋、室內面積一坪換一坪，有些區段好的，甚至能再加個停車位呢！

據說方案公布後，都市更新處電話接到手軟，可見「舊不如新」，大家都想住新房子。不過拉皮或改建，並不是那麼簡單，需全體住戶同意，整合意見會有難度。依據北市政府統計，二〇〇三年到二〇〇九年間的都更成功率僅三．二八%至七．三%，二〇〇七年的成功率最高，也不過才七．三%；改建的磨合期曠日廢時。在九二一大地震中被震成危樓的仁愛尚華大樓，拖了七年才動工改建；精華地段忠孝東路三段的正義大樓都更案，講了十五年了，還沒拆除重建呢！

而且想要符合政府兩倍優惠容積率的申請條件，並不是件容易的事喔！請看以下條件：都更面積須達五千平方公尺、鐵路或捷運四百公尺範圍內、位於都會區水岸港灣周邊適合高度開發地區、必須配合重大發展辦理都更者。請回想看看，平日常走的街道巷弄：老舊的四、五層或六、七層公寓，是不是多半位在五、六米小巷道中，真正符合條件的，多嗎？

就算真的改建成功，也並非所有建物一翻新便身價百倍，要看區塊和地段的。若是位在敦化南北路、仁愛路、忠孝東路及金山南路、新生北路、南京東路一帶，拉皮過後房價會上漲；但若是環河南北路、延平南北路一帶舊社區，想用老屋拉皮方式為自宅加值，可塑空間可能不大，以投資為前提考量，想發「都更財」，藉老房子鹹魚大翻身的民眾要三思啊！

076 老屋拉皮要「拉」什麼「皮」？

民國六、七十年間蓋的房子，依據舊規範，多半沒有耐震設計，對結構要求也不夠嚴謹；直到八十二年後，各地方政府才陸續要求建築師，必須依法將房屋的結構設計交由結構專業技師辦理，才准核發建照，因技師們原就依照耐震設計規範設計房屋，此後所蓋出來的一般住宅或大樓才逐漸普遍使用耐震設計。換句話說，屋齡三十年以上的房子，耐震能力都比較差，一旦重新翻修、裝潢，絕對要評估房子本身的耐震能力。所以，老屋拉皮不能只注重外表，磁磚重新貼一貼就了事，一時的光鮮肯定撐不了下一個三十年。

裝修前，看看房子的起造年代，有沒有結構設計圖計算書？水電管線設計藍圖有沒有保留下來？建築設計圖呢？若通通沒有，表示年代久遠，一定要針對結構體現況做安全檢查，評估耐震能力能否符合現行法規規範，否則就要補強。因為新規範的耐震要求較高，遠比舊規範安全。

水電管線也要全部更新，各樓層梁柱、樓板、牆等，有沒有遭破壞？最好請專業的結構技師重新評估耐震能力，費用按照樓地板面積計算，樓地板面積愈大，單價愈低，最低費用是十五萬元，以下有收費標準表提供參考：

建築物耐震能力詳細評估服務費用計費標準：		
項目	每筆建築物總樓地板面積	服務費用計算方式
1	不足600㎡者	基本費用150,000元，超過300㎡部分，每增加一平方公尺，增加500元。
2	600㎡以上不足2000㎡者	基本費用300,000元，超過600㎡部分，每增加一平方公尺，增加120元。
3	2000㎡以上不足5000㎡者	基本費用468,000元，超過2000㎡部分，每增加一平方公尺，增加40元。
4	5000㎡以上不足10000㎡者	基本費用588,000元，超過5000㎡部分，每增加一平方公尺，增加15元。
5	10000㎡以上不足20000㎡者	基本費用663,000元，超過10000㎡部分，每增加一平方公尺，增加10元。
6	20000㎡以上者	基本費用763,000元，超過20000㎡部分，每增加一平方公尺，增加5元。
計算方式（以某筆建築物總樓地板面積7000㎡為例）： 1.包含委外審查費用，總服務費用=588,000+2000*15=618,000元。 2.委外審查費用=618,000*0.15=92,700元。		

077 老屋換新裝最重要的事？

老屋換新裝，從室外講到室內，不外乎改變室內隔間、打牆拓寬、打掉花台（陽台）、頂樓加蓋……等等的翻修動作，不管更動哪一項，都和「牆」脫離不了關係。有時是把牆打掉，以增加空間；有時是從中加道牆，多隔出一間房來。翻新中古屋時，牆面的加與減，絕對是非常關鍵的重要設計。

螢光幕上，常見到男主角破「牆」而入，勇救美人的畫面，在現實世界中，除非有特異功能，否則根本不可能。別小看「牆」——雖然只是一道小小的平面。在房屋結構中卻擁有相當大的強度，不管是磚造或混凝土牆，每立方公尺就有二到二點四噸的重量！

換句話說，一間屋子裡，最穩固的就是「牆」，梁柱則是用來支撐牆的重量。但是一般人往往忽略牆的重要性，以為梁柱才是主角；就連有些設計師在規畫室內空間時，也會犯這種錯誤，毫不考慮牆面的抗震功能。事實上，當大地震來臨時，牆會吸收很大的地震力，一旦它遭破壞，釋放出的爆發力也相當驚人，碎片有如彈簧般彈射出來，非常可怕！這也就是為何地震時不能緊靠牆面站立的原因。

牆，等於是房子另一種的守護神。當房屋結構遭受外力破壞時，例如鄰房施工、隔壁蓋大樓、道路做工程等等不良因素的影響以致傾斜，這時，設計良好的隔間牆、隔戶牆便派上用場啦！它們能適時發揮作用，增加房子的抵抗力。

所以，翻修中古屋最常見的敲牆、打牆等裝潢方式，對房屋整體結構影響相當大。一棟建築物中，如果某樓層住戶把室內堅固的隔間牆敲掉改建，大地震一來，一定會先從此處開始崩壞。若是塌陷，就會向下擠壓，上下幾層樓的住戶下場都很慘。為什麼呢？

因為當地震發生時，建築物的反應很像「壁虎斷尾」自救求生的情況，哪一個部位結構變軟弱、先受地震損害，就先從那個部位釋放出能量，以維持其他部位的安全。釋放出能量的樓層，首當其衝，破壞程度將相當可觀，也許整棟大樓屹立不倒，獨獨曾經把牆敲掉的那層樓受損嚴重，正因為它代替大家承受了地震力啊！

若不想讓自己的家變成整棟樓層中的「軟柿子」，重新裝潢房子前，一定要對牆面的功能有所瞭解。尤其是高度十樓以下的建築物，隔間牆相當重要，具有防火、抗震、美化等作用，不可以隨便敲掉喔！

078 哪種牆最穩固？

現在蓋房子，結構牆的設計，最普遍的是：一B（約二十四公分厚）以上的磚牆、剪力牆、梁柱系統加剪力牆等三種。

一B磚牆通常用來作為戶與戶之間的「隔戶牆」、或是外牆。材質是用磚頭一塊一塊混著水泥砂漿疊成的，結構厚實而且堅固。五、六〇年代流行的「加強磚造」的牆面，甚至是承受房屋力量的基礎，現在已經很少見了。

剪力牆則是鋼筋混凝土牆，能幫助房屋吸收地震力。在林口、板橋、新竹、基隆、八斗子一帶的箱式構造房屋，有很多全是用剪力牆來承受載重力及地震力的。

梁柱系統加剪力牆的牆面，是房屋結構中最穩、最重要的牆面。剪力牆絕對不可敲除。尤其是一種隔戶（間）牆，牆的左右兩頭是柱子，上下銜接到梁，特徵有如「上下有梁，左右有柱」，這可是守門大將軍，牆面系統的抗震力非常大，即使原始設計不當剪力牆用，也千萬千萬不要輕易打掉。

按照規定，隔戶牆一定要用二十四公分的一B磚牆，或十公分以上的鋼筋混凝土牆，因為這類牆面具備防火的功能，房子失火時能阻斷火勢。早期蓋房子還有用到二十四公分厚以上的磚牆，防火、隔熱、抗震的效果更好。但是占的面積大、用料多、砌磚耗費的工資也多，造價遠比十二公分厚的鋼筋混凝土牆貴，建商划不來，漸漸的，也就在營造市場中消失了。至於室內的隔間牆，區分成兩種：一種有防火作用，另一種則無防火效果。前者採用半塊磚的厚度，大約十二公分的磚塊砌成，稱為「半B磚牆」，有結構上的功能，但貢獻度較小，打牆前要考量房屋現況有無瑕疵。後者則是一些木板、石膏板、輕質混凝土板之類的輕隔間牆，不會承受地震力，重新翻修房子時要拆、要敲較無所謂，不會對房屋結構造成影響。

079 哪種牆不能隨意亂敲？

有些建商為了湊房間數，格局設計得很零散，空間很小，一次要買兩戶才夠住。為求完整，購屋者會把中間的隔戶牆打通，讓空間開闊，這種做法很冒險。應先查看樓板、梁柱有沒有傾斜裂縫，確定對結構沒大妨礙再敲敲打打，比較安全。最好能請教專業技師，看看是否能在別處另加一道磚造或水泥造的牆來補強。尤其是獨棟公寓，只要其中某戶敲掉不該敲的牆，對整棟樓層的影響都相當大。「打掉一道牆，危及整棟樓」，這可不是開玩笑的。

打通屋內隔間，原本藉由牆面隔開的兩個空間固然變寬了，其實兩邊樓板色澤可能不同，地磚拼接圖案也不一致，或許還有些高低誤差，視覺效果滿突兀的，全部換新設計，又是一筆開銷。最省錢省事的作法，是把握興建中的時機，好比預售屋未蓋好前，衡量隔間設計是否滿意，趁機請建商配合改變最好。不過假如新建案的建商胡亂同意百無禁忌的敲牆需求，你可能要懷疑這個建商不重視結構安全。道理很簡單，假如一片鋼筋混凝土牆從十五樓往下每一層樓都有，到了三樓忽然沒有牆了，你說地震來會壞哪一樓呢？

我認為，公寓的牆盡量不要做更動打掉，尤其是樓高十層以下的老舊公寓，隔間牆基本上都有抗震作用，特別是梁柱上下圍起來的牆、十二公分厚的鋼筋混凝土牆、一B磚牆等。樓高十層以上的大樓，若有十五公分以上厚度（含十五公分）的鋼筋混凝土牆，絕對不要敲打破壞，它們肯定有結構上的重要性。

至於各樓層非結構牆的重要性差別，則越低的樓層越顯得重要。從多年的勘察震災經驗，我個人覺得各棟房屋的最上面三分之一的樓層，也就是說十五樓高的房子，從第十一樓以上到第十五樓的非結構牆移除比較沒有危險性。但是常理判斷歸常理判斷，能不能移除、敲除，還是要依個案請教結構技師才是正確的作法。

走在街道上，沒隔幾步路就可見到店家或住家在做「裝潢」。不管誰家買了新房子、開了新店面、搬了新辦公室，十有八九會把原有的裝潢打掉，重新翻修門面。這種「不用二手貨」的心態，其實是不重視房屋結構安全的表現。假設建築物四面的牆都不錯，設計得也好，卻被新搬遷入的人打掉，對所有住戶是不公平的，因為整棟建物的結構都遭破壞了。而且水電管線大多埋在牆內，敲打不慎，管線破損，因此漏水漏電，更是得不償失。都市密集度高，想一想，任何一棟房子倒塌了，是不是都會波及四鄰、危害四方

呢？（請參閱第三十三、三十四問）

所以我要呼籲一下：大家要建立起「建築共同體」的觀念，不要隨便更動原有的房屋結構，所謂「牽一髮而動全身」，保固自家的牆面，左鄰右舍通通有保障啊！

080

中古屋的裝潢重點？

很多人買房子都看「第一眼」的印象，裝潢愈漂亮愈好，難怪預售屋愈蓋愈富麗堂皇，活像貴族豪宅似的，蓋好搬進去卻不是那麼回事，落差很大。買中古屋的好處，便是能依據自己的理想挑選規格相符的房子，如果再大幅度更動室內格局、裝潢，比較不划算。所以中古屋改造佈置的重心，應該以「安全性」為第一考量，再增加居住的舒適性，打造一個結構無虞、溫馨舒服的安樂窩。

首先，應做好屋內屋外結構「補縫」的工作。花台或牆面有些不妨礙結構安全的垂直性裂縫，先請工匠灌注環氧樹脂加固補強。環氧樹脂分主劑、凝結劑，兩種攪拌混合後會硬化，填補外牆時須加壓才能填灌進裂縫內，所以一定要請專業人士確實做好。假使只是找泥水匠用些混凝土、水泥、防水漆塗抹在外牆表面，滲透性和強度根本不夠，補了也是白補。

屋殼確定安全後，再來講究屋內設計的重新規畫。其中，又以水電管線的鋪設、梁柱的位置、通風與排水、各類用材的選擇，以及施工的品質要求等等，是優先的考量。

有些人重視風水，不喜歡客廳、臥室床位正上方有橫梁穿過，這些橫梁千萬別敲掉喔！會破壞原有結構。不妨加作天花板遮住，減少居住空間的壓迫感。若室內有柱子，也不能打掉，可以用櫥櫃、長腳花台或是屏風區隔，加以美化。

公寓房子應改善通風設備，讓舊房子的「氣」能夠流通。可以多開窗，裝置通風口、機械式抽排風機，讓屋內的空氣循環、對流。尤其是東西向的頂樓住宅，西曬嚴重，若不開窗，夏天屋內就會像蒸籠一樣悶熱不堪。

另外，給水、排水系統也要注意維護，地下室的貯水池、屋頂的蓄水池，須定期清洗，陽台排汙水管及排水溝也要重新疏濬，以免颱風時期雨水倒灌就漏水了。

廚房、廁所一定要做排水坡度，約三%到五%間的坡度設計，屋內才不會潮濕，而且老是有股發霉臭味。若房子是買在中古大樓裡，要具備消防觀念。天花板的火災自動灑水系統，不能用裝潢建材包住，煙火感應器上也不可刷塗油漆。

翻新地面、牆面、天花板時，若是粉刷油漆，要塗雙層以上，漆好後把燈打開，在燈光照射下離壁面一公尺，用肉眼觀看，沒有不良氣泡、顆粒，才算完美。假使鋪設磁磚，要多比較後再確定，因為每家磁磚廠牌、規格、特色都不同，有些釉燒技術差的，厚度很薄，鋪設時就碎好幾塊，放家具時再破個幾塊，還要叫工人來補，很麻煩的！

081 入住前先「電檢」？

上了年齡的房子最怕電線走火，常看新聞報導，老舊管線短路釀禍造成的火災悲劇，所以，中古屋翻修絕對要先做「電檢」。

水電管線通常埋設在牆內或天花板上，是隱形的。水管有沒有裂縫漏水，從牆壁有沒有漬痕、木質地板有沒有鼓起變形、壁腳有沒有潮濕變色……，總有些蛛絲馬跡可供辨認。電線管路就不同了，所有瑕疵必須用了才知道，甚至到了線路超載，短路走火後，問題才引爆，這是它可怕的地方。

民國六十五年前後裝設的電線，塑膠管較易老化，整修房子重新配電線時，穿線困難，可能要在牆上鑿溝埋管，非常麻煩。這類老舊電路配線的特徵是：接線盒通常為塑膠製品。而且早期電線芯規定一點六公釐，負載能力較差，有些不肖的電匠還偷工減料——外露於接線盒部分的電線遵照規定用一點六公釐的，藏於盒內的部分卻用一點二公釐矇混過去。和目前最新規定的二公釐相比，負載能力真是天差地別了。偏偏現代居家電器用品的耗電量遠遠高於二三十年前，想想真不安全。

很多屋齡二三十年的中古公寓，電源箱仍採用有保險絲的「閘刀」開關，插座內也有保險絲，但目前市面上早就買不到有保險絲的插座啦！多進化為無熔絲開關，不必再用保險絲裝置。若想改換新式插座，必須能配合舊式開關，麻煩又危險。

所以，老房子的「電檢」很重要。藉著重新裝潢的時機，請甲級或乙級有執照的電匠，檢查屋內電路配線是否合乎規格？安裝位置正不正確？線路插座有沒有安裝在危險區域內（如木製櫥櫃、衣櫃）？電線迴路的電壓負載量夠不夠？假使需要更換，要尊重專家意見，不要圖省錢，還要給予適當利潤，以換取居家用電的安全。切莫貪圖便宜，隨便找「半路出師」的水電工配低價的電線管路，日後失火就糟了。使用電線材質可選用太平洋或華新公司出品的二公釐電線，廠牌、規格都印在電線表皮上，極易辨識，品質較有保障。

無論重新配線或配管，請記住不可敲鑿梁柱，也盡量不要鑿牆或樓板，真有必要，務必請教結構技師，牆及樓板有很重要的結構作用。結構技師公會也經常受理購屋、租屋糾紛案件，都是裝潢時隨意在梁、柱、牆、版鑿洞所引起的，不可不慎。

082

燈光美、氣氛佳有理？

光線明暗會影響居家氣氛，請電匠裝設照明設備時，並不是裝愈多愈好。有些設計師超愛用嵌燈，來營造室內亮度，我曾經看過一間才一坪多大的浴室，天花板卻裝了十個嵌燈！若以每顆三十瓦計算，足足有三百瓦的亮度，只是洗澡、上廁所的地方，需要這麼亮嗎？

大家可能不知道，多設計一顆燈泡，設計師可加收一兩百元，嵌燈裝得愈多，室內亮如白晝，就是一種浪費。應該根據每間房間的功能與特性，選擇適合的燈光。比如睡覺的地方和客廳就不同，前者太亮影響睡眠；後者大量使用嵌燈投射，美則美矣，一組燈若十二盞，同時打開簡直會熱死！一點也不節約能源愛地球。

在相同瓦數下，日光燈的照明度會比白熱燈亮，建築法規中規定，有效採光面積須為屋內面積的八分之一以上，所以室內光源照明度一般只要在一百至一百五十LUX（流明數，為亮度的計量單位）之間即可。若採用省電燈泡，價格雖貴一些，卻能節約能源。

083

如何安全改變室內格局？

想改變室內格局，不見得需敲敲打打，利用色彩、擺飾、燈光的變化，也可達到改頭換面的作用。

若真的有必要變動隔間，要先想清楚所需使用尺寸，再將屋內家具擺設按百分之一或五十分之一的比例縮小，畫一張簡單的平面圖。沒有空間概念的人，不妨用「剪紙」的方法，將家具大小依縮小比例減好，排放在與房間長寬高尺寸比例相符的縮小方格內，試試看空間夠不夠。要記住把牆的厚度計算進去（一般牆厚為十二公分），免得有誤差。

我有一位朋友，結婚時買下屋齡八年的二手公寓做新房，大刀闊斧重新裝潢，卻發現浴室有點漏水，在不清楚水管埋設路線的情況下，貿然敲牆修理，結果敲破水管，水柱宛如瀑布般噴瀉而出，鄰近浴室的臥房頓成汪洋一片，苦心佈置的蜜月新房全部泡湯，蜜月期只好借住岳父家，大煞風景。如果他能在買房子時，向原屋主索取房子的原始設計圖，就不致如此狼狽了。以下要來談談保留原始設計圖的重要性。

084 房子原始設計圖是保命符？

一九九五年日本發生阪神大地震，是二次世界大戰後最嚴重的震災，倒塌房屋近三十五萬戶，我曾於地震後四度赴日考察，至災變第一現場近距離觀察，發現日本不管是公寓住宅或高樓大廈，每棟皆設有管理委員會，保存原始建築物每樓每戶的各種設計圖。一旦哪一戶要進行翻修，或遭到水、火、地震等災害，只要調閱設計圖，按圖索驥補強加固，十分方便。難怪大地震過後，阪神的恢復力驚人，整座城市的重建，迅速而有秩序。反觀我們台灣，九二一地震都過了十幾年了，有些倒塌的建築物還改建無望，令人感嘆。

台灣人買房子，比較重視地段與增值性，忽略結構的重要性。在交屋時，會向原建設公司或屋主索取施工的結構設計配筋圖、建築圖、水電設計圖等資料影印保存起來的，更是少之又少。其實日後要翻修房屋時，這些都是重要依據，可減少施工困難度，少花冤枉錢。尤其是水電管線的配線、路線圖，更為要緊。因為中古屋最麻煩的就是漏水與跳電問題，不清楚原先裝配的水電管路、電壓規格等等，出了問題再來推敲何處是禍首，困難重重啊！會被水電師傅大敲竹槓的。

假使購買中古屋時，賣方提供了完整的房屋原始設計圖，表示原屋主一定是極懂得房屋維護、有概念的人，屋況必定不差，大膽放心買下吧！

有句話說：「有幾流的國民，就有幾流的政府。」同樣道理，房子是人蓋出來的，有一流的市民，才能蓋出一流的建築物。希望大家盡早重視房屋結構安全的重要性，瞭解到華美的內部裝潢，比不上耐用持久的「好」房子。觀念提升後，「一流國民，住一流建築」的理想，才會有實現的一天。

085

裝潢停、看、聽？

台灣的裝潢事業非常蓬勃，市場價格卻很亂，有建築師在做裝潢設計；也有美工科系畢業的打著「室內設計師」的招牌；更有土木包工為人做裝潢；甚至半路出師的二手土水師傅也在承包案件。敲掉一面牆，價錢從幾千元喊到一兩萬的都有。施工水準又良莠不齊，往往是「漫天喊價，就地還錢」，消費者要睜大眼睛。

我向來主張，中古屋的裝潢應以重修水電管線、補縫、粉刷、鋪整地材為重點，不需大手筆重整，增加額外設計費。有些設計師很有名，小案子卻交由公司助理繪圖，不是親自動手，收的可是名牌設計師的費用，你覺得合理嗎？所以迷信大牌設計師，不如相信熟人的推薦。

從設計、監造、到施工、完工，最常見的裝潢糾紛，就是一再追加工程款項、建材費用；或是使用了與原訂不符的建材、規格，重新更換而延長工期、調漲工資等等。

要避免糾紛，最好能和設計施工者簽下合約，註明工程範圍（如修建廚房、改裝書房等）、施工到完工的期限、費用、付款方式、所需建材的品牌、品名、型號、規格、色號、單價、數量都清清楚楚詳列出來，以免包工用三流建材，卻收取一流的費用。

定合約前，對於房子將來要呈現的模樣，務必要有定見，才能按照自己的心意進行改造，千萬不要聽信包工或設計師的推銷，東改西改，因此延長工期追加的預算會嚇死你。

一旦工程開工，主動權輕易就落入包工業者的手中，因為施工廠商開工前會向你索取開工工料費或頭期款，接著一面作，一面向你要工程款或借錢，這麼一來，工程隨時停擺他都不會虧錢，這就是所有弊端的根源。而你呢？當包工業者因條件談不妥翻臉，工程做一半跑了，房子亂七八糟根本無法住人，而下一班工人通常不會接手也不敢接手，因為除非契約書已明定，否則工程及材料的所有權都還在原包工業者手上，你的房子就晾在那裡什麼事也不能做。這時你只好屈服，花錢消災。所以千萬記住，手上一定要扣住相當比例的未付工程款，一般至少一成以上，也不要借錢給包工，否則你就沒有籌碼了。

為防萬一，最好在合約上載明追加工程款的上限、工程若逾期時的罰款，以及施工保固期限，權益才會有保障。因為沒有任何一件整修裝潢的案子，是從頭到尾不追加費用的，若能明訂追加上限為總價的一至二成，工匠就不敢浮報施工費用。而工期預估多由工匠主導，如訂有逾期罰款，每日罰扣總工程款千分之一的條款，可減少工匠混水摸魚，以為多做一天就多賺一天工資。至於保固期限可以訂一到兩年內若有損壞必須免費修理，以預防施工品質不佳或偷工減料。

工程完畢之後，所有的廢料要督促工匠確實運走，否則有些不肖包工會找出各種理由，把廢料填灌在原處，最扯的，我還看過天花板水泥漿留著工人的施工手套呢！我有位朋友，整修房子時加蓋了間廚房，把牆敲掉後有一大堆剩餘磚塊，工匠建議把廚房地板墊高，浴室也一樣，才會有內外之分，不容易漏水。朋友信以為真，便同意了。只見鋪地磚前，工匠「廢物利用」，把敲下來的廢棄磚頭填墊在底下，結果新蓋的廚房、浴室因此高出十五公分，比正常的洩水坡度還高，蔚為奇觀。這是不必要的工程，把廢料當做免費的施工材料，不僅多賺一筆，還省掉運廢料的費用，外行人都變成冤大頭啦！

就連我這個「內行」的，都難免陰溝裡翻船。老家修建頂樓，和承包工匠談妥總工程款為二十萬元，其後接受工匠建議，做了幾處更動，結算總價時，竟然付了三十五萬元！比當初議定原價高出近半。所以變更設計要在未開工前，千萬不要且戰且走，增減工程，徒增人力與金錢的困擾。

現在ＤＩＹ的風氣盛行，不找工匠或設計師，自己動手也頗有樂趣。有不少大型居家修繕百貨連鎖店，引進歐美最新的裝潢修繕設備或器材，凡裝潢所需的工具、材料都買得到，規格應有盡有，休閒時刻自己動手裝潢自己的家，不也是一種成就感？這些連鎖店還可到府服務，量身訂做，這也是不錯的選擇。

第七篇

結構大事要找專業技師

您住的房子是專業技師蓋的嗎？答案可能會讓您昏倒。以下告訴您為何台灣建築品質低落的原因。

086 台灣建築結構處處危機？

二十幾年前，我還任職於省住都局時，曾審查過數不清的案子，發現一個令人痛心疾首的事實：台灣九十％的房屋建築結構，是由不懂結構的人設計的。不尊重專業的結果，輻射屋、海砂屋、夾層屋、邊坡住宅、公共危樓……，問題建築物層出不窮，嚴重威脅我們「住」的安全。即使時代進步了，只要稍微瞭解台灣營建結構真相的人都知道，問題並沒有改變。

九二一大地震對台北地區造成的地表震動的「震度」（請參考第五四問），大約在五十gel至一四〇gel之間，差不多是四到五級的震度，一般建築物應該都承受得起，卻造成多棟大樓嚴重損壞或倒塌；三三一地震對台北震度，最大也只約兩百gel而已，竟然也有建築物倒塌！房子若照規範好好的蓋，又豈會這麼「軟腳」，喊倒就倒?!

翻開報章雜誌，幾乎每隔一陣子就會有建築物結構出問題、建商或房仲業者和住戶鬧糾紛互告的新聞，相同的問題不斷重演，只是換個建案名稱而已。社會大眾若不張大雙眼，積極重視房屋的結構問題，恐怕這類有結構瑕疵的房子，仍會在市面上持續推出，讓你不知不覺就踏進危樓的陷阱。

087 不良建築法規是危樓幫兇？

我必須老實不客氣的說，政府不夠完善的法令規章，有時真是幫了不肖建商的大忙。

就拿令許多人苦惱的海砂屋來說好了，禍首出在混凝土，早在民國七十年初期，經濟部已發現，台灣河砂產量遠不足以供應國內工程案用量，卻不去清查各預拌混凝土廠的供料來源；也未確實要求各廠做好混凝土品質分級、甚至切斷海砂供銷網路等重要工作，只是在海砂屋事件爆發後，把檢驗海砂源頭的責任轉嫁給建築師、營造廠，要求他們為品質「背書」，好像人生了病，在黃金時期不作為，卻找藥房老闆開刀，並且要他保證病一定會治好，你覺得這樣的病有希望醫好嗎？

類似這種不合理的情況，在國內營建法規上層出不窮。例如目前核發建築物執照，依建築法第十三條規定：五樓以下非供公眾使用建築物，可由建築師單一簽證；樓高三十六公尺以下，可由土木技師簽證；十二樓以上才需結構技師設計簽證。這種思維很奇怪，只有高樓會有結構的問題，平房公寓不會有結構安全顧慮？房屋會不會倒不在於樓層高低，而是原始結構設計得好不好，設計出了差錯，四、五層樓的房子也會垮下來壓死人的。所以政府規定讓非結構專業人士設計幾層樓以下的房子、讓專業人士設計幾層樓以上的房子，我認為這種分類法非常粗糙，好像十二歲以下小孩生病，不必看專科醫生，兒科、內科、泌尿科、精神科、婦產科……只要是醫生通通可以看診，但超過十二歲以上才需要找專科大夫看病一樣奇怪。

不只是法令有漏洞，台灣營建市場處處充斥著「外行領導內行」的情形，很多施工單位的監造人員，並非專業人士。有的是高工電機科畢業或其他學科，卻在工地擔任鋼筋混凝土的監造重責。或是國中畢業，長期在工地工作的老手，也被營造商封個「工地主任」的頭銜，負責監工；甚至做了幾年的模板工、鋼筋工，理所當然也「升級」做監造的工作。

請注意：這些「實戰型」的工地主任，沒有受過專業訓練，所有相關結構工程的經驗，通通從不斷的「錯誤」中累積，最糟糕的是經常用沒有專業知識的「土想」（台語）來批判專業人員的設計圖，接著就不按圖施工。所以他們最好的狀況僅僅能夠按圖監督施工，若結構設計有重大失誤時，他們實在沒有能力看出來。

假設承包建案的建商或營造廠，為了省錢省事，請地下雜牌軍設計工程結構、偷工減料、縮減鋼筋排列數、少立梁柱、水泥灌漿偷加水……等等有重大瑕疵情形時，現場監工也習以為常，不知其危險性，這樣蓋起來的房子，又怎會不危險呢？

088 你住的房子是專業技師蓋的嗎？

把一棟房子蓋好，牽涉到許多的專業知識，有力學、美學、材料學、電機工程學、地質工程學……等等科學，並非單一科系所能獨立完成，需要分工合作，讓專業抬頭，房子才會蓋得盡善盡美。

例如開挖地下室和土壤地質有關，需請教地質或大地技師；精算房屋支撐結構，要找結構技師；裝設大樓電梯、配電工程則和電機技師有關……，各科執業範圍不同，隔行如隔山，絕無法因性質相似而被取代。國內長期以來，建築師、土木包工業卻包辦了大部分技師的工作，變成「樣樣通」專家，這在先進國家是絕無僅有的現象，而這種怪現象竟然是國家法令「養」出來的。

依據建築法第十三條規定：「本法所稱建築物設計人及監造人為建築師，以依法登記開業之建築師為限。但有關建築物結構與設備等專業工程部分，除五層以下非供公眾使用之建築物外，應由承辦建築師交由依法登記開業之專業工業技師負責辦理，建築師並負連帶責任。」

根據營建署的解釋，意思是說：在台灣蓋房子的設計人監造人只限建築師，其他有關建築物結構與設備等專業工程部分，也交由建築師統一承包下來，等於建築師綁標了全台灣建築物的設計監造權。問題就來了：建築師的專業能夠橫跨結構設計、地質鑽探、土木工程、機電工程等等專業領域嗎？檢閱一下國內建築科系的養成教育，我們知道「樣樣通，等於樣樣稀鬆」，這是不可能的任務。

再者，明眼人都知道，一個建案的結構體造價，就佔了整體工料價約四成以上的比重，機電與水約兩成，其餘為建築，建築師會依法令規範「釋出」結構與設備的工程給專業技師辦理嗎？那可是一大筆錢啊！長期以來，多半由建築師一手全包了。所以專業分工不明，我認為是台灣建築結構施工品質無法提升很重要的因素。

全世界只有台灣，把整個房屋各種專業的設計監造權利，限制只有建築師，可以一手承攬，這是非常奇怪的法律。日本的制度與大部分國家不同，即使如此，他們由建築士辦理房屋的設計監造，但是每個建築士有不同的專長，如結構專業、建築專業、設備專業等專長。不像世界各國，結構專業歸屬結構技師、建築專業為建築師，設備專業則分屬電機、機械、冷凍空調技師。所以在日本，各種專業技術人員都可以承包房屋的設計監造工作。

其他各國的制度大致像美國，結構技師、土木技師、電機技師、建築師都可以承攬房屋的設計監造工作，然後再把其他專業工程交給其他技師辦理。只有加州例外。美國加州因位處地震帶，所以規定凡是「供公眾使用」的房屋只有結構技師才可以承攬。這就是在地震帶必須特別重視結構安全的例證，而台灣全國皆處在地震帶，卻有這種法律，實在不可思議。

房屋由不同專業的人承攬設計監造，最重要的是讓房屋所有權人有選擇的權利，假如要蓋發電廠可找電機技師主導設計龍頭，重視結構安全的人則找結構技師來主導規畫設計，覺得美觀比較重要就找建築師主導，各取所需各得其所。

可是在台灣，民眾沒有選擇的權力，建築師承包了所有房屋的設計監造，而絕大部分工程施工的監造工作卻沒有交給專業結構技師監造。所以房屋結構問題紛爭不斷，地震來襲強度尚未達到規定的設計地震力，房子就紛紛倒塌。

讓外行人做內行事，就會設計出結構系統不良的房子，過於注重美學設計，忽略了建築物構架支撐載重的力學問題。街道上常見有些外觀設計得令人嘖嘖稱奇的建築物，上大下小，東凸西凹，讓人擔心它的結構究竟禁不禁得起地震的考驗。

台北市就有一座著名的公共建築物，姑隱其名吧！外型前衛，充滿設計風，結構系統卻不理想，若不是由國內極重視結構安全的名師所設計，只怕早出問題了。

該建築採用「預力梁」設計，是一種相當特別的房屋結構系統，主要大梁都是預力梁，在混凝土做好後，用鋼索施加拉力，固定繃緊，讓梁能夠承受壓力。但就像用橡皮筋綑緊東西一樣，久了會失去彈性而變形。這種「塑性變形」一旦形成，即使後來再把力量解除，也無法恢復原狀，而且承受壓力的梁、柱「潛變」後，若未解除壓力，不僅不會恢復原狀，還會進一步縮短，這時就會到處出現裂縫。

該建築物啟用到今天，不知發生過多少次漏水、裂縫的事件了，要特別編列預算支應。這就是由建築師主導監造、設計，美觀重於實際，造成結構體無法耐久使用的實例。

所謂「術業有專攻」，讓專業抬頭，而非「一師」（建築師）獨霸市場，台灣的營造市場才會真正的提升施工品質，以下提供各類專業技師的法定執業範圍與分工，請大家參考，才知道房子出問題要找哪些專家才對：

科別	執業範圍	備註
結構工程技師	從事橋梁、壩、建築及道路系統等結構物及基礎等之調查、規畫、設計、研究、分析、評價、鑑定、施工、監造及養護等業務。	
土木工程技師	從事混凝土、鋼架、隧道、涵渠、橋梁、道路、鐵路、碼頭、堤岸、港灣、機場、土石方、土壤、岩石、基礎、建築物結構、土地開發、防洪、灌溉等工程以及其他有關土木工程之調查、規畫、設計、研究、分析、試驗、評價、鑑定、施工、監造、養護、計畫及營建管理等業務。但建築物結構之規畫、設計、研究、分析業務限於高度三十六公尺以下。	於民國六十七年九月十八日以前取得土木技師資格並於七十六年十月二日以前具有三十六公尺以上高度建築物結構設計經驗者不受建築物結構高度三十六公尺之限制。
大地工程技師	從事有關大地工程（包含土壤工程、岩石工程及工程地質）之調查、規畫、設計、研究、分析、試驗、評價、鑑定、施工、規畫、施工設計及其資料提供等業務。	
電機工程技師	從事電機設備之規畫、設計、監造、研究、分析、試驗、評價、鑑定、製造、安裝、保養、修護、檢驗及計畫管理等業務。	
冷凍空調工程技師	從事冷凍、冷藏、空調等設備之規畫、設計、監造、研究、分析、試驗、評價、鑑定、製造、安裝、保養、修護、檢驗及計畫管理等業務。	

水土保持技師	從事水土保持之調查、規畫、設計、監造、研究、分析、試驗、評價、鑑定、施工及養護等業務。	
建築師	第十三條 本法所稱建築物設計人及監造人為建築師，以依法登記開業之建築師為限。但有關建築物結構與設備等專業工程部分，除五層以下非供公眾使用之建築物外，應由承辦建築師交由依法登記開業之專業工業技師負責辦理，建築師並負連帶責任。 公有建築物之設計人及監造人，得由起造之政府機關、公營事業機構或自治團體內，依法取得建築師或專業工業技師證書者任之。	摘錄建築法第十三條部分內容。

089 屋況不良，哪裡可以鑑定？

房屋有狀況了，鄰房或附近道路施工造成損害，該找誰呢？我所屬的結構技師公會非常歡迎民眾提出建物鑑定申請，只要有人注重房屋結構的重要性，危險建物就會減少一棟，公共安全將更有保障，這是全體結構技師努力追求的理想，所以鑑定費用低廉，若不用書面鑑定報告，僅口頭提出修改補強意見，有些熱心技師甚至會免費跑腿幫您看看。

一般屋現況鑑定以「戶」做計算單位，三十至四十坪為一戶，戶數越多單價越低。若只做房屋現況鑑定，拍照存證，費用便宜；若受損嚴重，要作多項結構儀器試驗，或爭議性高，有民事糾紛，需鑑定損害責任歸屬，評估償金，且要經常上法院出庭協調、作證者，費用較高。以下提供各地結構技師鑑定單位做參考：

中華民國結構工程技師公會全國聯合會

地址：台北市11070信義區東興路37號7樓

電話：(02)8768-1117 傳真：(02)8768-1116

E-mail：structur@seed.net.tw

台北市結構工程工業技師公會

地址：台北市11070信義區東興路37號7樓

電話：(02)8768-1118 傳真：(02)8768-1119

E-mail：service@tsea.com.tw

http：//www.tsea.com.tw

台灣省結構工程技師公會

地址：新北市22041板橋市文化路1段266號21樓之2

電話：(02)2254-7419 傳真：(02)2254-8269

E-mail：tsea@ms27.hinet.net

高雄市結構工程工業技師公會

地址：高雄市80654前鎮區二聖一路288號5樓之1

電話：(07)713-8518 傳真：(07)716-5289

E-mail：ksea.mail@msa.hinet.net

社團法人臺北縣結構工程技師公會

地址：新北市22041板橋市文化路1段266號21樓之2

電話：(02)8258-2360 傳真：(02)2254-8269

E-mail：tpcsea@gmail.com

台灣省結構工程技師公會中部辦事處

地址：台中市40767西屯區中港路3段123號6樓之9

電話：(04)2358-8249 傳真：(04)2358-8437

E-mail：tseamay1@gmail.com

台灣省結構工程技師公會南部辦事處

地址：台南市70848安平區永華路2段248號18樓之2

電話：(06)299-4493 傳真：(06)299-4496

E-mail：tsea@seed.net.tw

不一定要等房子出問題才來找結構技師，曾經有人想換屋，比較過三棟房子後，選擇其一，先請結構技師勘查、提供意見，發現牆壁磚牆裂痕是不均勻沉陷所引起的，不影響居住安全，卻是明顯的房屋缺陷，以此做理由重新討價還價，足足殺掉了五萬元尾款，付給技師五千元車馬費，還淨省四萬五千元！不僅便宜買到喜愛的房子，更明白房屋真況，根據重點裝修補強，省錢省力。

所以看到喜歡的房子，尤其是中古屋時，無法判斷屋況好壞，難以取捨，不妨找結構技師幫忙，這才是最內行的「成家」之道！

第八篇

疑難雜症解疑篇

執業多年，常接受各種房屋個案的鑑定、診斷。以下整理出幾則案例，較具代表性，供作參考。

090

住高樓風搖地動，有沒有危險？

問 我最近剛搬入一棟樓高二十七層的大廈，雖然視野很棒，但是只要稍微起風，就感覺房子會搖晃，颱風天恐怕更可怕。不知風力對高樓會不會有不良影響？

答 建築物高度愈高，受風的力量相對增大，在做結構設計時，必須包含風力控制設計，就像地震力控制設計一樣，只要技師按照規範設計，都不會予以忽略，因為有時強風的力量還比地震力大。像台北一〇一大樓所裝設的制震器，就是為了平衡風力的影響。

樓高五十公尺（約十六樓）以上叫「超高樓」，感受較靈敏的人，只要大風一吹，就會覺得房子在搖動，難免會影響舒適性。而且窗戶只能開很小的縫，否則風力會強到連抽油煙機都失去作用。門窗玻璃也要用雙層玻璃隔音隔熱，屋內冷暖器才不會因對流而流失，浪費能源。所以買高樓層的房屋，一定要選擇口碑良好的建設公司，對於風力、地震力的設計才會確實，否則建築物無法享百年壽命，即使想改建，有上百戶共同持分，連整建都會有困難。要注意的是：有些高樓建物號稱整棟都用純鋼骨打造，重量雖輕了一點，承受的地震力較小，卻未必能抗強風。

除了樓層高度會影響風力外，地區的不同，也會影響風力大小。台灣以彭佳嶼、東部離島的風力最大，其次是東部及南部沿海地區，尤其是颱風季節，它們都是首當其衝的地區。

091

巨大招牌，會不會損壞外牆結構？

問 我想換屋，參觀過黃金地段上一棟八樓的中古大樓，非常中意。可是二樓是知名餐廳，製作超大造型廣告招牌，把房子外觀都遮住了，人家說會影響外牆結構，牆壁容易滲水，是真的嗎？

答 一般商店招牌看似很龐大，其實重量並不及水、混凝土，所以對房屋整體結構沒有影響，尤其是造型廣告，素材是玻璃纖維，相當輕。

倒是消防問題較嚴重，一旦失火，火苗順著廣告招牌向上延燒，各樓層燃燒速度會相當快。有些塑膠布做的樓面看板，把建築物表面都遮住了，怎麼逃生？

還有您提到牆面是否容易滲水問題，廣告招牌雖輕，鋼釘容易造成牆裂縫，且長久釘在外牆，牆面、梁柱難免因長期支撐而輕微受損，的確有可能會造成壁面受潮或屋內漏水。其實不是只有廣告招牌，固定有線電視電纜線的大鋼釘也會有同樣的顧慮。

客觀來說，外牆使用權屬於樓層住戶所有，如未經同意，商家是不能擅自釘掛招牌或其他雜物。你若有心購買，不妨先透過市鎮公所協調委員會建議商家改善，一樣具有法律效力。

092 高樓大廈的玻璃為何常破碎？

問 家父開設貿易公司，辦公室設在一棟十六層大廈裡的十三樓，靠馬路一側的玻璃經常會突然破裂，員工心裡因此惶惶不安，這是什麼原因？和房屋結構有關嗎？

答 蓋高樓大廈，玻璃窗的尺寸不能做得恰恰好，要預留縫隙，當高空溫度使玻璃熱漲冷縮時，才能有伸縮的空間，否則窗戶玻璃會因壓力而破掉。以日本阪神大地震為例，有很多舊大樓的玻璃都破掉了，就是因為地震來臨時，尺寸做得太滿的窗戶，沒有空隙可供滑動所造成的結果。貴公司的窗戶玻璃易破碎，很可能也是如此。

另外還有一種可能性：就是建築物的柱子，因長期受壓力而「潛變」縮短，加上玻璃受熱膨脹而壓破。什麼叫做「潛變」呢？就是物體長時間受力，變形情況逐漸嚴重的現象。潛變的情況與混凝土施工時所添加的水量及裡面配置的鋼筋量多寡，有相當大的關連性，許多施工單位為方便灌注混凝土，常添加過多的水，造成潛變、混凝土強度不足、梁柱牆版裂縫等問題。

093 鄰房改建，我家漏水，怎麼辦？

問 我住在老舊社區，是五棟相連、屋齡三十多年四樓公寓最靠右的一棟，其他四棟在建商遊說下，於三個月前拆掉改建大樓，我們這一棟因有兩戶不同意而沒有改建。噩夢從此開始了，隔壁工地開挖地下室，我家廁所、廚房都出現裂縫，並開始漏水，這是什麼原因？可不可以訴請建商賠償呢？

答 老房子拆掉重建，鄰房或多或少都會受到損害。尤其當工地開始深挖地下室時，萬一擋土措施失誤，連續壁破裂，受到地下水位擠壓的影響，把泥砂和土壤一起沖刷出來，附近房屋基礎底下的土和砂流失了，隔壁鄰房就會往下沉陷得很厲害，室內牆面、梁柱也會出現裂縫，嚴重時，門窗甚至無法關攏，整棟房屋傾向一側。

這可不是危言聳聽。你記得台北鄭州路口地下街塌陷的事故嗎？因捷運地下工程的支撐系統架構及接合不良，導致連續壁支撐失敗，工地塌陷，鄰近的龍門大廈一到七樓，幾乎每戶都出現裂縫。這次公安事件，由我擔任結構鑑定，我發現幸虧龍門大廈採點承椿設計，基椿深度達四十公尺，相當穩固，沒有立即危險。只要塌陷區域回填九公尺，建築物與連續壁間的裂隙須灌填高壓水泥漿，並長期觀測沉陷量及水平移動量，即可確保安全，事件至今十幾年了，龍門大廈依舊完好。

但我相信貴宅一定沒有龍門大廈的幸運。因為棟棟相連的老舊公寓，地下結構體也是相連的。起造年代久遠，通常忽略結構體的抗震設計，不管整理建地、開挖、敲除部分結構體，勢必受波及而傾斜。

已經傾斜的房屋想要扶正回來，相當困難，往往是想扶正的地方沒回來，正常位置的部位又歪掉了。而且可能種種方法如拉預力、加載重、再灌漿的招式都得使上，複雜性不亞於重蓋一棟房子。例如台北市延壽國宅，有一棟十二樓國宅傾斜到連電梯都無法使用，房屋的傾斜率約一／一百左右，換句話說，高度一百公尺的樓層，水平移動量達一公尺。當時預估要花約一千五百萬至二千萬元，才能把它扶「正」回來。可見扶正工程困難度之高。

誠懇建議你：趕快到結構技師公會，請專業技師為府上做結構安全的評估，包括「損壞責任歸屬」、「房屋現況安全鑑定」、「損壞修復費用評估」等，據理向建商求償，才是最實際的作法。

其實早在改建工程開始前，你就應該先向建商要求做「施工前房屋現況鑑定」，萬一動工後屋況開始裂、漏、斜，才不致喪失原始資料做比對，死無對證，讓建商有狡賴餘地。我要藉此呼籲大家：都更話題正夯，老房子開始值錢了，很多舊社區都在大興土木。當你家附近要改建時，別忘了請結構技師做「施工前房屋現況鑑定」，並拍照存證，這筆鑑定費用可商請施工單位負擔。

本來有些地方政府早有明定：開工前，施工單位必須將鄰近工地一定範圍內的所有房屋，辦理施工前鄰房現況鑑定，以作為日後發生損鄰糾紛的比對依據，可惜目前僅剩下少數地方政府保留這項規定。至於貴府所在地的縣市政府有否此規定，請用「地方政府名稱」加上「建築爭議事件處理」作為關鍵字上網查詢相關法規即可。不過凡是信譽良好的建商，也怕日後鄰房大小問題全「栽贓」到自己頭上，通常也歡迎住戶提出申請，別放棄自己權利啊！

094 整修房子的砂會不會含海砂？

問 我家住四樓，是屋齡十六年的五層樓公寓，最近因小兒結婚，要重新裝潢整修，我如何確定泥水匠使用的混凝土，沒有內含海砂呢？

答 因裝潢使用海砂，偶有造成鋼筋蝕混凝土保護層剝落的事件。但是影響到房屋結構強度最大的，是包裹住鋼筋的混凝土，一般用來粉刷表層的水泥砂漿，影響到裡層鋼筋的機率較小，只在砂裡含有高量的鹽分時影響較大。如果不放心，可以觀察泥水匠運來的砂，用鼻子聞，有股海水的味道，必是海砂無疑。

北部河川少，新北市市加起來的砂石年須量卻高達二千零四十萬立方公尺，百分之七十都仰賴中部地區供應，供需失調下，難怪海砂屋會猖獗一時。政府也正視到這個問題了，推行「優良砂石產品標章」管理辦法，凡是經過礦物局檢驗的砂粒，用於預拌混凝土，細度模數在ＦＭ二點三至三點一；用於建築，細度模數在ＦＭ一至二點二（含泥量在〇・〇五％以下），含鹽量在〇・三％以下，就是合格的砂，礦物局會頒給該品牌一個橢圓形、中間標示「ＴＳＳ」字樣的優良砂石品質標章，好比買新鮮肉品要認明「ＣＡＳ」標章一樣，只要指定泥水匠使用有「ＴＳＳ」標記的砂，就不必害怕房子結構會內含海砂了。

近年來混凝土拌合用的砂大半購自大陸，原來品質尚稱不錯，九十九年以來，卻傳出進口砂石有氯離子（鹽的化學名稱是氯化鈉）含量偏高的事情，是否從大陸來不得而知。但是政府恐影響公共工程品質危害安全，還特別行文給各機關及技師公會，要求落實相關檢驗。假如想檢驗確認砂石是否有氯離子含量過高的情形，找各大學的土木系實驗室即可。

095 便宜的受災屋能不能買？

問 朋友的房子曾發生過小火災，損失不大，他們覺得穢氣要換房子，想便宜賣給我，因為地點靠近捷運站，我太太覺得是千載難逢的投資機會，但我擔心遭過火災的房子會不會有結構問題呢？

答 不管曾遭水災、火災或震災的房子，多半會賣得比市價便宜，表面看似乎很划算，但若受創程度遠超乎預期，住進去後兩天一小修，五天一大修，開銷反而更大，並不值得。有意購買這些受災重修屋之前，最好先請專業結構技師評估，以免得不償失。

以火災為例，火場溫度與延燒時間均會影響混凝土的強度，當溫度高到四百度以上時，混凝土強度會大量下降，若火勢猛烈，溫度超過五百度，鋼筋混凝土的保護層就會脫落，鋼筋整個暴露出來，梁柱也會燒壞。可是假如溫度僅兩三百度，延燒時間很長，對混凝土影響深度大，雖然混凝土沒有脫落，也會導致結構體弱化，這些情況對房子的結構強度影響相當大。即使事後再進行「美化」工作，粉刷水泥層、塗抹油漆，下一次地震來臨時，結構仍可能出現明顯損害。

不知你所謂的「小」火災究竟有多嚴重？還是需要現場查勘才知道。建議先請教專業技師，接受專家的看法，再考慮值不值得買下來。

096

打掉陽台的外牆對房子影響大不大？

問 我家住公寓，最近想打掉陽台的外牆，把客廳擴建出去，加蓋一間小和室，這樣對房屋結構有無影響呢？

答 把陽台的牆敲掉往外移，室內空間的確會大一點。陽台的外牆，通常是十二公分厚的鋼筋混凝土牆，雖然敲除與否，對目前的耐震力影響很小，但是實際上這面牆對房子的抗震力還是有幫助，一旦敲掉，將破壞房屋結構的均勻性。而且陽台原本在室外，改建後變成室內，這道新作的牆，會很容易出現裂痕，開始潮濕、滲水，室內濕度一高，牆面、木製傢俱便易受損。尤其是和室，木製材質很多，蓋在原先陽台的地方，並不妥當。

許多公寓的陽台設計，皆採「懸臂樓版」，假如翻修後加一整道牆面上去，重量相當可觀，會使懸臂樓版向下垂，嚴重時，牆會裂開，甚至塌下來，對樓下住戶造成災害。所以改建時要特別注意：原本陽台欄杆處，改造成外牆時，應盡量在此處開窗，或設計成落地窗，不要砌成整道磚牆，以減

此陽台外緣無梁環繞，是「懸臂樓板」設計。

此陽台外緣有梁，不是「懸臂樓板」設計。

少原始樓板的承載量。若陽台樓板最外邊緣有梁環繞，那麼這個陽台板應該不是採「懸臂樓版」設計，砌牆上去比較不會滲漏。

老實說，陽台有它一定的功能，是進屋前的緩衝區，可以脫鞋、換鞋、放雨傘雨具、種些美化盆栽、晾衣服等等，我並不贊成更動陽台以增加室內空間。假如非打掉不可，建議你先請專業技師看一下房屋現況有無瑕疵，是不是懸臂樓板？能不能敲牆往外拓寬？這樣比較保險。一般人打掉陽台只找泥水匠來估價，價格便宜就做了，完全不考慮房屋結構安全，這種觀念真叫人擔心啊！

097 老屋翻修，該注意的重點？

問 朋友舉家移民紐西蘭，把住了快四十年的房子便宜賣給我，現在要進行翻修，我該注意哪些重點呢？

答 年逾半百的舊建築物，基本上已到應該折舊汰新的階段，許多內部構造一定要檢視重修，否則大地震來時後果堪慮。

房子上了年紀，建造材料會開始變質、損壞，尤其是木頭部分，接頭部分會潮濕腐朽，例如木製樓板，要勘查所有木造材質的腐壞程度，進行抽換。若是鋼筋混凝土造的房子，混凝土的年代久遠，會開始碳酸化，強度下降，牆上、壁面應會出現裂縫，要找專業人員補強。千萬不可用水泥將裂縫表面塗抹蓋住、上上新油漆就了事，這是自欺欺人，建築物的潛在危險並沒有消失，重修一點意義都沒有。務必找專人在裂縫內灌壓填入環氧樹脂才行。除了結構安全的問題之外，還要注意水電的管路、電線的檢修及抽換。

早年的房屋，經常做一種「拱門」設計，看起來像拱型的牆，在柱與柱之間，挖空做弧形的拱面牆，和現在「梁」的效用相同，過去則是以「拱」

取代「梁」。經過歲月摧殘，鄰近地上物不斷改建更新，老房子勢必有不均勻沉陷的問題，拱門牆有可能裂開，這也要找專業人員灌漿補強。假使還發現房屋稍有傾斜，有必要在室內加些梁柱系統，費用不便宜，一定要請專業技師評估看看划不划算。

098 不合建，獨立改建好嗎？

問 我家住在每棟三層樓的老舊社區，最近都更話題不斷，有建商挨家挨戶遊說改建成十八層大樓，贊成的人不少，但是我家是一、二樓，有店面租金收入，改建對我們來說不划算，而且老人家也不想住高樓，覺得住戶太多太複雜。我想聯合三樓自己來改建就好，不要和建商合建。不過若自行蓋房子，隔壁是十八層高的大廈，我的新房子會不會受影響呢？

答 你一定聽過「筷子」的故事吧？一支筷子很容易被折斷，一把筷子綁在一起，就很難被折斷了，房屋改建也是相同的道理。好幾棟串聯在一起的房子，抗震力比較好；單獨蓋的房子，地基小，外觀像根油條，結構軟，地震發生時，很容易從你這棟開始倒塌壞掉。

而且獨棟蓋房子的費用，一定比合建高。蓋的面積愈小，單價成本愈高。例如做一片牆，兩戶皆可使用，等於是兩戶分攤費用；若單獨蓋，費用全得由自己負擔。一般蓋五層樓公寓，建設公司用普通建材，每坪造價約五萬多元，但是自己找承包商來蓋，沒有專業人士監工，這個價碼不見得蓋得起來，每坪造價大概要達八萬元才夠。再加上開挖地下室的支出（凡五樓以上房子要開挖全面地下室，結構安全才會穩固）。而且地下室若作停車場使用，車道會佔掉很大的面積，所以地下室的面積要越大越好，否則扣除車道面積，剩餘作停車使用的空間就所剩無幾，這個算盤你可要好好打一打。

現在，先想像各自重建後的情景：隔鄰是一大片十八層樓大廈，你的小公寓窩居在旁，原本陽光普照的室內，也許變得暗無天日，住家的「日照」和「景觀」，可能都被妨礙了。

我並非勸你接受建設公司的條件，同意合建，只是告訴你所有該考慮的因素，提醒你做更全盤的考量。

099 溫泉屋會損害房屋結構嗎？

問 三年前，我買下一間社區內號稱「戶戶有溫泉」的房子，結果發現，家裡的水管都生鏽了，凡是鐵製用品也很容易壞，是因為溫泉的關係嗎？還是房子設計的不好？

答 有不少北部的新建案，會以「溫泉屋」作號召，的確，有溫泉管線可能造成房屋的某種耗損。以北投地區的硫磺泉為例，空氣中含有硫磺成分，水電管線若是用鐵管，很快就鏽蝕，應該用銅管、不鏽鋼管、ＰＶＣ管或鉛管；家電用品也很容易壞。建築物本身如混凝土或鋼材也極易老化，蓋房子時就得使用特別的水泥來提高混凝土的緻密度。

有一種爐石粉，是中鋼煉鋼時所產生的爐渣，比鋼輕，會浮在鋼液上，一粒粒有如拇指大，將其快速噴水降溫，再磨成粉，可用作一般房子的建材。把它加進水泥裡，就能提高混凝土的緻密度，同時也減少水泥的用量。

另外一種材料叫做飛灰，是將燃燒煤碳產生的煙塵收集起來的煙灰，也是被用來取代水泥的。它和爐石本來都是必須花錢處理的廢料，搖身一變成了節省水泥的材料。因為爐石粉及飛灰不用錢，為節省成本，一般蓋房子都會主動加。但是加太多也不行喔！施工會出問題。取代水泥的量不要超過二十%，假設一百公斤的水泥，爐石粉最多只能占二十公斤的量。有很多不肖預拌混凝土廠商都添加了過量的爐石及飛灰粉，據說水泥使用量僅剩原本的三分之一而已，造成了很多工程問題。而最顯而易見的現象是梁、柱、牆、版的裂縫很多、寬度又大。

當初買溫泉屋時，你有到現場看過預拌混凝土的施作情形嗎？恐怕沒有吧？所以我也要提醒喜歡回家泡溫泉的消費者，買這類房子時要特別注意這些問題。

100 捷運共構的房子安全嗎？

問 我想買捷運住宅，但是老人家說，蓋在捷運站上的房子沒地基，很不安全，地震來會垮，是真的嗎？

答 剛好相反，捷運聯合開發案，正因蓋在捷運車站上，所以耐震能力設計要求遠比一般大樓高，是普通建築物的一．二五倍，相形之下更為安全耐震，所以造價也較貴，每坪售價比周邊屋價還高。

捷運共構的房子標榜「到站就到家」，因交通便利，生活機能完善，大多具有「抗跌保值」的特性，翻漲效應驚人。若有意購買，不必擔心建築物結構安全，反倒應考量其他問題。

好比：出入動線，萬一有災變可能較難處理；公設比較一般建築物高、戶數過多，出入分子複雜，住戶品質不易掌握；住商混合、加上捷運進出站的噪音，人來人往較吵雜等等。而且買捷運共購案的貸款成數，相對比一般住宅低喔，你要有心理準備才行。另一個問題也須考慮：這種大樓可能因為公共安全，沒有自來瓦斯可使用，煮飯煮菜不是用電就要用桶裝瓦斯喔。

愛　生　活　０　８　０

你的房子結構安全嗎？——地震不用怕！專業技師教你安心購屋 100 問（增訂新版）

國家圖書館出版品預行編目 (CIP) 資料

你的房子結構安全嗎? : 地震不用怕! 專業技師教你安心購屋 100 問 / 曾慶正, 張惠如著 . -- 二版 . -- 臺北市 : 健行文化出版事業有限公司出版 : 九歌出版社有限公司發行 , 民 113.08
面； 公分 . -- (愛生活 ; 80)
ISBN 978-626-7207-74-1(平裝)

1.CST: 不動產業 2.CST: 結構工程 3.CST: 房屋建築 4.CST: 問題集

554.89022　　113009033

作　　者——曾慶正、張惠如
責任編輯——曾敏英
發 行 人——蔡澤蘋
出　　版——健行文化出版事業有限公司
台北市 105 八德路 3 段 12 巷 57 弄 40 號
電話／ 02-25776564・傳真／ 02-25789205
郵政劃撥／ 0112263-4

九歌文學網　www.chiuko.com.tw

印　　刷——前進彩藝有限公司
法律顧問——龍躍天律師 ・ 蕭雄淋律師 ・ 董安丹律師
發　　行——九歌出版社有限公司
台北市 105 八德路 3 段 12 巷 57 弄 40 號
電話／ 02-25776564・傳真／ 02-25789205
初　　版——2016（民國 105）年 5 月
二版一刷——2024 年（民國 113）年 8 月
定　　價——360 元
書　　號——0207080
I S B N ——978-626-7207-74-1
9786267207758 (PDF)
9786267207772 (EPUB)